AF403213

UNIVERSITÉ DE PARIS

FACULTÉ DE DROIT

LA REPRÉSENTATION PROPORTIONNELLE

DANS LE CANTON DE GENÈVE

THÈSE POUR LE DOCTORAT

L'acte public sur les matières ci-après
sera soutenu le Mercredi 23 Mai 1900, à 8 heures 1/2

PAR

ANDRÉ FOURNIER

Président : M. CHAVEGRIN.
Suffragants { M. LARNAUDE, Professeur.
{ M. LESEUR, Professeur.

LILLE
IMPRIMERIE H. MOREL, RUE NATIONALE, 77

1900

THÈSE POUR LE DOCTORAT

BIBLIOGRAPHIE

1º TRAVAUX DE L'ASSOCIATION RÉFORMISTE DE GENÈVE

Programme du 15 janvier 1865.

Statut de l'Association réformiste de Genève, 15 février 1865.

Procès-verbaux inédits des séances (deux tomes manuscrits).

Rapport de la direction provisoire, présenté à l'assemblée générale du 15 février 1865.

Rapport de M. AMBERNY à l'assemblée générale du 17 mars 1865, suivi d'une pétition au Grand Conseil, pour *la réforme des procédés électoraux.*

Circulaire du Comité d'administration du 1er septembre 1865, relative à *la réforme des procédés électoraux.*

Réforme du système électoral, rapport présenté au Conseil de l'Association, le 21 novembre 1865 et discuté dans l'assemblée générale du 18 décembre 1865.

Pratique du nouveau système électoral (système pur du quotient), rapport présenté au Conseil de l'Association, le 20 mars 1866.

La liste libre ou la libre concurrence des listes, plan pour la réforme des élections du Grand Conseil, en maintenant les trois collèges actuels. — 1866.

Tableau comparatif du système actuel et du système nouveau. — Avril 1867.

Exposition et défense du système de la liste libre, suivies d'objections et de réponses. — Mai 1867.

La question électorale en Europe et en Amérique, rapport présenté à l'Association réformiste de Genève, par M. Ernest NAVILLE, président du Conseil de l'Association, le 20 novembre 1867.

Brève exposition du système de la liste libre. — Novembre 1869.

Rapport sur l'état de la question électorale à Genève et à l'étranger, présenté à l'Association réformiste, par M. Ernest NAVILLE, président de l'Association, le 23 décembre 1870.

Pratique de la représentation proportionnelle, proposée par l'Association réformiste, le 30 mars 1871, par M. Ernest NAVILLE.

Travaux de l'Association réformiste de Genève (1865-1871). — 1 vol. in-8° de 790 pages. — Genève, libr. Georg.

Mémoire sur la réforme des élections représentatives, adressé au Conseil fédéral suisse, par l'Association réformiste de Genève, le 3 mai 1873.

Les progrès de la réforme électorale en 1873, rapport présenté à l'Association réformiste de Genève, le 14 janvier 1874, par M. Ernest NAVILLE, président de l'Association.

Pratique de la représentation proportionnelle, proposée par l'Association réformiste de Genève. — Novembre 1875.

Le progrès de la réforme électorale en 1874 et 1875, rapport présenté à l'Association réformiste de Genève, le 8 février 1876, par M. Ernest NAVILLE, président de l'Association.

Statuts de l'Association suisse pour la *Représentation proportionnelle.* — 3 décembre 1876.

Règlement pour la section genevoise. — 6 mars 1877.

Appel aux sentiments de justice des citoyens genevois, rapport lu à l'assemblée générale de la section genevoise de l'Association fédérale pour la *Représentation proportionnelle,* par Amédée ROGET, député. — 22 janvier 1878.

Assemblée générale de la section genevoise tenue le 19 janvier
1879.

Assemblée générale de la section genevoise tenue le 17 février
1880.

Rapport lu à l'assemblée générale de la section genevoise,
tenue le 29 avril 1881, par Amédée ROGET, président.

Le vote limité devant le Grand Conseil de 1882.

Rapport lu le 23 avril 1883 à l'assemblée générale de l'Association genevoise pour la *Représentation proportionnelle,*
par M. A. ROGET, président.

Assemblée générale de la section genevoise, tenue le 11 juillet
1884 et rapport de M. Ernest NAVILLE sur les progrès
de la réforme électorale à l'étranger.

Rapport sur les progrès de la *Représentation proportionnelle,*
présenté par M. Ernest NAVILLE. — Février 1886.

Manuel de Représentation proportionnelle ou la Représentation
proportionnelle telle qu'elle pourraît être adaptée au
système électoral actuellement en vigueur dans le canton
de Genève. — 1889.

Rapport sur *les progrès de la Représentation proportionnelle.*
présenté à l'Association réformiste de Genève le
19 mars 1889, par M. Ernest NAVILLE.

*Étude comparée des différentes méthodes de représentation
proportionnelle.* — 1890.

Rapport de M. Ernest NAVILLE sur l'*État de la question électorale en Suisse.* — 27 novembre 1891.

2° PÉRIODIQUES

Mémorial des séances du Grand Conseil.

JOURNAUX :

La Nation Suisse, pour les années 1861 et 1862.

Le Réformiste, du 14 décembre 1868 au 9 juin 1870.

Le Radical-National, pour les années 1891 et 1892.

Le Journal de Genève (conservateur).

La Tribune de Genève (indépendant).

Le Genevois (radical).

Le Courrier de Genève (catholique)

Le Peuple de Genève (socialiste).

REVUES :

La Représentation proportionnelle, revue mensuelle, organe de l'Association réformiste belge. — Fondée en 1882.

(Par abréviation, nous la désignerons sous ces deux lettres R B.)

Bulletin de la société suisse pour la représentation proportionnelle. — (Nous le désignerons par les lettres B S).

Il paraît, en français et en allemand, à des époques fort variables. Voici la liste des numéros publiés :

N° 1...............	janvier	1885
N° 2...............	juillet	1885
N° 3...............	février	1886
N° 4...............	juin	1887
N° 5...............	août	1888
N° 6...............	novembre	1889
N° 7...............	mai	1892
Nᵒˢ 8 et 9.........	mai	1894
Nᵒˢ 10 et 11........	juillet	1896

3° OUVRAGES PARTICULIERS

(Nous n'indiquerons que les principaux. Les autres seront cités en note).

DUBOIS-MIÉVILLE. — *Quelques mots sur notre système électoral en Suisse et projet de réforme par un citoyen radical.* — Genève, janvier 1890.

FREY (Alphonse). — *Application de la Représentation proportionnelle par la liste libre et le vote cumulatif,* système pratique exposé à la conférence internationale d'Anvers par Alphonse FREY, délégué du Comité central suisse. — B S, n° 3, février 1886.

Les moyens pratiques de Représentation proportionnelle. —
B S, n° 4, juin 1887.

La solution de la question proportionnelle en matière électorale.
B S, n° 5, août 1888.

Manuel de Représentation proportionnelle. — 1889.

*Étude comparée des différentes méthodes de Représentation
proportionnelle.* — 1re et 2e éditions. 1890.

*Les lois suisses sur la Représentation proportionnelle, comparées
et commentées.* — Genève, Georg. 1re édition, juillet 1896 ;
2e édition, juillet 1897.

MORIN (Antoine). — *Un nouveau système électoral.* — 1861.

— *De la représentation des minorités.* — 1862.

— *De la question électorale dans le canton de Genève.* — 1867.

NAVILLE (Ernest). — Outre les rapports présentés à l'Association réformiste aux dates suivantes : 1865, 1866, 1867,
1870, 1871, 1874, 1876, 1884, 1886, 1889, 1890, 1891 — il
convient de mentionner :

Les élections de Genève. mémoire présenté au Conseil fédéral
et au peuple suisse le 12 septembre 1864. — Genève,
Cherbuliez.

La Patrie et les partis, discours sur la réforme électorale
prononcé le 15 février 1865 par le directeur provisoire de
l'Association réformiste. — Traduit en allemand. —
Genève, Georg.

Théorie et pratique des élections représentatives. — Bibliothèque
universelle, mars et novembre 1869. — Traduit en anglais.

Le fond du sac, lettre sur la question électorale adressée à un
membre du Grand Conseil de Genève. — 15 janvier 1870.

La question électorale en Europe et en Amérique. — Genève et
Bâle, Georg, 1871. — Traduit en allemand.

La réforme électorale en France. — Paris, Didier, 1871.

*Projet de représentation proportionnelle pour le canton de
Genève.* — 9 octobre 1877. — Genève, Ramboz et Schuchardt.

Extrait des annales de la réforme électorale. — 11 novembre
1878. — Genève, Ramboz et Schuchardt.

Projet de représentation proportionnelle pour le canton de Genève. — 10 février 1879. Genève, J. Carey.

La démocratie représentative, mémoire présenté à l'Académie des sciences morales et politiques. — Genève, Georg et Paris, Fischbacher, 1881.

Influence morale des systèmes électoraux. — Bibliothèque universelle, mai 1882.

La corruption électorale. — Revue chrétienne, mai 1882.

La pratique de la représentation proportionnelle, mémoire présenté à l'Académie des sciences morales et politiques. — 1882. — Compte-rendu de l'Académie, tome CXVIII, p. 668.

Étude de la valeur des suffrages électoraux. — R. B., 15 mars 1883.

Les progrès de la représentation proportionnelle, — Bruxelles, 1885.

Le système de la concurrence des listes. — B. S., n° 2, juillet 1885.

Le principe de la réforme, son importance. Examen des objections qu'il soulève. — Rapport à la conférence internationale d'Anvers, 7, 8 et 9 août 1885.

Lettre sur la réforme électorale, adressée à une dame de Genève. — R. B., mars 1887.

A propos du referendum. — R. B., avril 1887.

Les opinions de M. Numa Droz sur la représentation proportionnelle. — B. S., n° 5, août 1888.

La question électorale en Suisse, à l'occasion des troubles du Tessin. — Bruxelles, 1890.

Trois élections Genevoises. — R. B., novembre 1893.

La démocratie, les systèmes électoraux et la représentation proportionnelle. — Revue politique et parlementaire, septembre 1896.

Les objections à la représentation proportionnelle. — Revue politique et parlementaire, avril 1897.

INTRODUCTION

I

NOTIONS GÉNÉRALES SUR LA REPRÉSENTATION DES MINORITÉS

Le principe de la souveraineté nationale est devenu, depuis Rousseau et la Révolution française, l'un des axiomes du droit public moderne. Chez presque tous les peuples, en effet, l'organisation constitutionnelle repose sur cette donnée que la souveraineté réside dans le corps entier de la nation.

Dès lors, la question se pose de savoir comment celle-ci va exercer son droit de souveraineté. Presque partout, elle en remet l'exercice à des assemblées électives, et nous voyons le principe du gouvernement représentatif se superposer à celui de la souveraineté nationale.

Par suite, on est amené à rechercher quelle est l'organisation du gouvernement représentatif la plus en harmonie avec le principe de la souveraineté nationale.

On crut pendant longtemps pouvoir sans inconvénients attribuer tous les représentants à la majorité du corps électoral. Depuis quelques années, la conception du gouvernement représentatif ainsi entendu a été vivement combattue, et, à ce qu'on appelle le système majoritaire, on oppose le principe de la représentation des minorités, ou encore de la représentation proportionnelle. Là, au lieu d'accorder tous les représentants à la majorité seule, on s'efforce d'assurer à toutes les opinions une part plus ou moins large dans les assemblées électives.

Ce but peut être atteint de deux manières : ou bien l'on accorde aux minorités une représentation quelconque ; ou bien, au contraire, on leur attribue un nombre de siéges en rapport avec leur importance numérique. Le premier procédé est celui des systèmes minoritaires ou empiriques (vote limité, vote cumulatif) ; le second est celui des systèmes proportionnels ou rationnels (quotient, concurrence des listes).

Naturellement, tous ces systèmes supposent l'existence de circonscriptions élisant plusieurs députés. Il est évident que, dans l'hypothèse où il n'y a qu'un représentant à élire, la loi de la majorité est seule applicable. Il en est de même lorsqu'il y en a deux, parce qu'on ne peut accorder à la majorité et à la minorité une part égale de représentation. Il faut donc au moins trois représentants à élire.

Il est même préférable qu'il y en ait davantage ; car, dans les circonscriptions à trois députés, la majorité en obtiendra deux, le siège restant sera attribué à la minorité la plus forte, les autres minorités seront sacrifiées comme par le passé. Pour qu'elles aient chance d'obtenir une part de représentation, il faut que le nombre des députés soit supérieur à trois. Plus le nombre des députés est élevé, plus la représentation de toutes les minorités est facile à réaliser.

Cette observation faite, dégageons rapidement les traits caractéristiques des différents systèmes.

§ 1er. — Vote limité

Chaque électeur n'a le droit d'inscrire sur son bulletin qu'un nombre de candidats inférieur à celui des députés à élire : deux par exemple s'il doit y avoir trois députés ; trois s'il doit y en avoir quatre, et ainsi de suite. De cette façon, on réserve aux partis qui ne sont pas en majorité un siège sur trois ou sur quatre.

Le vote limité a l'avantage d'être extrêmement simple, mais il présente trois graves inconvénients :

1° Il ne permet la représentation que d'une seule minorité, celle qui vient immédiatement après la majorité ; les autres opinions, quelle que soit leur importance, n'ont aucune représentation.

2° La part faite à la majorité et à la minorité est arbitraire. Pourquoi est-elle *a priori* du tiers ou du quart? Logiquement, elle devrait varier avec la force des partis en présence.

3° Les résultats du scrutin peuvent être singulièrement modifiés par la tactique électorale. Tantôt, ce sera l'écrasement de la minorité par une majorité disciplinée ; tantôt, en sens inverse, ce sera la représentation excessive de la minorité en présence d'une majorité indisciplinée.

Supposons qu'il y ait trois députés à élire d'après le système du vote limité aux deux tiers. Deux partis sont en présence, disposant l'un de 4.000 voix, l'autre de 2.000 suffrages. Normalement, le premier devrait obtenir deux sièges, le second devrait en obtenir un.

Cependant, la majorité peut obtenir les trois sièges, il lui suffit pour cela de répartir ses votes entre trois listes ainsi combinées :

A	1.500 voix	A	1.500 voix	B	1.000 voix
B	1.500 —	C	1.500 —	C	1.000 —

Nous aurons donc :

A	3.000 voix
B	2.500 —
C	2.500 —

La minorité aura beau être parfaitement disciplinée et concentrer ses 2.000 suffrages sur deux candidats seulement ; elle sera dépourvue de toute représentation.

Supposons, à l'inverse, que la majorité indisciplinée ou trop confiante en sa force éparpille ses voix de la manière suivante :

A	1.500 voix	C	1.500 voix	A	1.000 voix
B	1.500 —	D	1.500 —	E	1.000 —

Si la minorité a conservé sa discipline et porté ses 2.000 suffrages uniquement sur deux candidats. ceux-ci l'emporteront et la majorité verra un seul de ses candidats A. élu avec 2.500 voix (1).

En somme, avec le système du vote limité, une seule minorité a chance d'être représentée ; et encore n'aura-t-elle qu'exceptionnellement une représentation en rapport avec son importance : tantôt sa part sera trop forte, tantôt elle sera trop faible, quelquefois même elle sera nulle.

(1) Sans doute ces manœuvres supposent pour réussir que les calculs seront d'une exacte précision et les électeurs d'une docilité parfaite. Elles sont plus faciles à concevoir qu'à réaliser dans la pratique. Néanmoins, elles ne rentrent pas dans le domaine de la pure imagination. Le vote limité a fonctionné, en Angleterre, pour certaines circonscriptions, de 1867 à 1884. Or, aux élections de 1868, à Birmingham et à Glascow, la minorité n'a pas obtenu un seul député ; les trois sièges ont été acquis à la majorité.

Pour plus de détails, consulter les trois ouvrages suivants :

CHRISTOPHLE. — *De la Représentation proportionnelle.* — Paris, Rousseau, 1887.

Antony BESSON. — *Essai sur la Représentation proportionnelle de la majorité et des minorités.* — Dijon, 1897.

Nicolas SARIPOLOS. — *La démocratie et l'élection proportionnelle.* — Paris, Rousseau, 1899.

§ 2ᵉ. — Vote cumulatif

Chaque électeur dispose d'un nombre de suffrages égal à celui des députés à élire ; il peut, à son gré, les cumuler sur un seul candidat ou les répartir entre plusieurs.

L'immense avantage du vote cumulatif est de permettre aux électeurs d'indiquer d'une manière très exacte leurs préférences en faveur des candidats : au lieu d'accorder à tous indistinctement un seul suffrage, comme dans le système majoritaire et le vote limité, ils peuvent en quelque sorte graduer leurs préférences en cumulant plusieurs suffrages sur le même nom.

Mais le grand inconvénient du vote cumulatif est de laisser une trop large part à la discipline électorale. Pour qu'une minorité quelconque puisse obtenir une part de représentation, il faut qu'elle vote avec ensemble, qu'elle concentre ses voix sur un nombre suffisamment restreint de candidats ; sinon, elle risque d'éparpiller ses forces et de se voir totalement éliminée.

A l'inverse, si la majorité s'illusionne et dissémine ses voix outre mesure, elle peut ne pas obtenir le nombre de représentants qui lui revient légitimement.

Bref, la proportionnalité dans la répartition des sièges est livrée au hasard des calculs et des prévisions. Le gros défaut du vote cumulatif est de donner une importance démesurée à l'organisation et à la discipline des partis, d'introduire dans l'élection une somme excessive d'aléa (1).

§ 3ᵉ — Système du quotient

Il est basé sur le principe suivant : On divise le nombre des votants par celui des députés à élire ; le résultat de la division donne ce qu'on appelle le quotient électoral.

Dans l'application, le système revêt deux formes différentes.

La plus élémentaire est celle du *quotient simple :* chaque électeur ne porte qu'un nom sur son bulletin, et les candidats qui ont obtenu le quotient électoral sont proclamés élus.

Ainsi entendu, le système présente le grave inconvénient de n'accorder aucune valeur à un grand nombre de suffrages. Dès qu'un candidat a obtenu le chiffre de voix nécessaire pour être élu, c'est-à-dire le quotient électoral, tous les suffrages qui lui sont attribués au-delà de ce nombre sont en pratique des voix perdues ; ils ne servent ni à lui personnellement, ni à son propre parti.

Pour utiliser ces voix sans valeur, on a imaginé

(1) Ici encore les faits démontrent amplement les vices du système — Voir à ce sujet les ouvrages cités à la note précédente.

le *transfert des suffrages*, qui constitue la seconde forme du système du quotient, et qu'on appelle souvent, du nom de ces auteurs, système Andrœ-Hare (1).

L'électeur inscrit sur son bulletin plusieurs noms rangés selon l'ordre de ses préférences. Chaque bulletin compte pour un seul candidat : pour le premier inscrit d'abord, pour le second quand le premier a obtenu le quotient électoral et par là se trouve élu au moment où le bulletin arrive au dépouillement, pour le troisième lorsque le second est élu, et ainsi de suite. De la sorte, on utilise tous les suffrages qui excèdent le quotient électoral.

Si, après cette opération, tous les sièges ne sont pas pourvus, on procède immédiatement à des élections complémentaires. Le président du bureau de vote lit une seconde fois tous les bulletins, sans tenir compte des candidats élus ; il appelle sur chaque bulletin, dans l'ordre où ils sont inscrits, autant de noms qu'il reste de députés à élire ; les candidats qui réunissent le plus grand nombre de suffrages sont proclamés élus.

Le système Andrœ-Hare a de très grands avantages : il accorde aux partis une représentation exacte, il reconnaît aux électeurs une large liberté dans le choix des candidats.

(1) M. Andrœ est un ministre d'État danois qui découvrit et fit appliquer cette combinaison dans son pays en 1855. M. Hare est un publiciste anglais qui, sans avoir connaissance de la loi danoise, exposa le même système en 1859.

Il n'est pourtant pas sans inconvénient. Le résultat
de l'élection y dépend, pour une bonne part, de la
manière d'après laquelle les bulletins sortent de
l'urne.

Supposons qu'il y ait 1.000 bulletins portant A B
et 1.000 bulletins portant A C. Le quotient électoral
par hypothèse est 1.000. Si les 1.000 bulletins A B
sortent les premiers, B venant en seconde ligne
n'aura pas une seule voix. Au contraire, quand les
bulletins A C sortiront, A étant déjà élu, toutes les
voix compteront pour C et assureront son élection.
Le résultat serait inverse si les bulletins A C sor-
taient les premiers ; B serait alors élu. Donc, entre
deux candidats égaux, le hasard seul fait pencher la
balance.

Sans doute, dans la pratique, les bulletins auront
été mélangés et alterneront à leur sortie de l'urne.
Il reste néanmoins une certaine part laissée à la
chance, une rupture d'égalité purement fortuite, qui
empêche de considérer le système comme pleine-
ment satisfaisant.

§ 4° — SYSTÈME DE LA CONCURRENCE DES LISTES

Le principe est que dans une élection, il n'y a pas
seulement en présence des individus, électeurs d'un
côté, candidats d'autre part ; il y a, en outre, des
partis, des groupes officiellement reconnus, qui
déposent leurs listes : d'où l'appellation de système

des listes concurrentes, ou encore de la représentation proportionnelle des partis.

Au lieu de voter seulement pour des candidats, l'électeur vote à la fois pour un parti et pour des candidats. — Tout suffrage a donc une double valeur : il compte pour une voix au candidat qui l'a obtenu et pour un suffrage au parti sur la liste duquel figure ce candidat.

Étant donné ce caractère du système, une élection s'accomplit de la manière suivante : Les listes sont officiellement déposées par les partis politiques. — Les électeurs votent. — Puis, on compte séparément les suffrages attribués à chaque liste et les voix recueillies par chaque candidat. — Enfin, on détermine le nombre de représentants auquel chaque liste a droit ; et, dans chaque liste, on proclame élus, jusqu'à concurrence du chiffre fixé par la répartition, les candidats qui ont obtenu le plus grand nombre de suffrages.

Tel est, dans ses grandes lignes, le système de la concurrence des listes. Reste à préciser 1° comment l'électeur vote à la fois pour une liste et pour des candidats ; 2° par quel moyen on fixe le nombre de représentants auquel a droit chaque parti.

Sur ces deux points (vote des électeurs, répartition des sièges), le système présente des variétés nombreuses, qu'il faut distinguer avec soin.

a) *Vote des électeurs.*

Il peut revêtir quatre formes différentes :

1° Le vote par listes avec ordre de préférence, encore appelé système de la liste libre.

2° Le double vote simultané avec radiation sans panachage (1).

3° Le double vote simultané avec radiation et panachage.

4° Le vote par candidats ou vote par suffrages.

Quelques mots sur chacun de ces procédés :

1° *Vote par listes avec ordre de préférence ou système de la liste libre.*

L'électeur vote pour une liste entière à láquelle il ne lui est rien permis de changer ; il doit accepter en bloc les listes telles qu'elles ont été préparées par les comités électoraux.

Le nombre des suffrages qui revient à chaque liste est facile à déterminer : il suffit d'additionner le nombre des bulletins donné à chaque parti.

Le nombre des suffrages accordé aux candidats est le même pour tous, puisque les électeurs doivent voter sans modification les listes entières. Pour proclamer les élus, on tient compte de l'ordre d'inscription sur les listes : les premiers inscrits sont nommés jusqu'à concurrence du chiffre attribué à chaque liste dans la répartition.

Le procédé de la liste libre est très simple, mais il donne un pouvoir excessif aux comités électoraux et

---

(1) La radiation est l'action de l'électeur qui biffe sur sa liste les noms des candidats qui ne lui agréent point.

Le panachage est l'action de l'électeur qui porte sur une même liste des candidats se rattachant à des partis différents, par exemple un radical et un conservateur.

restreint fâcheusement la liberté des électeurs : ceux-ci, en effet, ne peuvent ni rayer les noms qui ne leur plaisent pas, ni panacher en faveur des candidats qui ont leurs préférences.

Cet inconvénient disparaît dans le système du double vote simultané, où l'électeur reçoit la faculté de radiation, seule ou accompagnée du panachage.

2° Double vote simultané avec radiation sans panachage.

Les électeurs doivent voter pour une liste entière comme dans l'ordre de préférence ; seulement ils ont la facilité d'y apporter certaines modifications, ils peuvent rayer les noms des candidats qui ne leur plaisent pas.

Le chiffre électoral de chaque liste s'obtient, comme dans le système précédent, en additionnant les bulletins donnés à chaque parti. Une liste incomplète a donc autant de force qu'une liste complète, puisque chaque bulletin compte pour un suffrage de liste, quel que soit le nombre des candidats y figurant.

Sont proclamés élus dans chaque liste, non les premiers inscrits comme dans l'ordre de préférence, mais ceux qui ont recueilli le plus grand nombre de suffrages, la faculté de radiation permettant aux électeurs d'établir une différence dans le chiffre des voix.

Elle leur donne aussi un moyen d'indiquer leurs préférences avec quelque liberté. C'est là un avantage, mais qui a besoin d'être complété par l'adjonction du panachage, laquelle fait l'objet d'une variante nouvelle.

3° *Double vote simultané avec radiation et panachage.*

Le système ne diffère du précédent que par une .iberté plus grande reconnue aux électeurs : à la faculté de rayer les noms qui ne leur plaisent pas, s'ajoute celle de panacher au profit des candidats qui ont leurs préférences.

Le chiffre électoral de chaque liste s'obtient en additionnant les bulletins donnés à chaque parti. Par conséquent, une liste incomplète aura autant de force qu'une liste complète, elle comptera pour un suffrage au parti sans qu'il y ait à s'inquiéter du nombre des candidats portés,

Dans chaque liste, on proclame élus, jusqu'à concurrence du chiffre fixé par la répartition, les candidats qui ont obtenu le plus grand nombre de voix, c'est-à-dire ceux dont les noms ont été le moins rayés et qui ont recueilli le plus de suffrages panachés.

Ce système a l'avantage de reconnaître aux électeurs une grande latitude dans le choix de leurs représentants.

Il a l'inconvénient de prêter à la manœuvre suivante : Le chiffre électoral des listes étant déterminé non par les voix accordées aux candidats, mais par les suffrages attribués aux partis, il en résulte qu'un groupe quelconque peut sans inconvénients voter pour des candidats adverses et chercher à obtenir ainsi l'élection des hommes peu marquants au détriment des têtes de liste.

Exemple : Supposons qu'il y ait en présence quatre partis sensiblement égaux dans une circonscription ayant trente représentants à élire. Chaque parti pourra espérer obtenir une dizaine de députés au maximum. En conséquence, il lui suffira de porter toutes ses forces sur ses dix candidats préférés. Restent vingt suffrages disponibles que les électeurs pourront sans inconvénient reporter sur les candidats adverses les moins en vue, dans le but d'assurer leur élection et par suite l'échec des chefs du parti. Ainsi, le panachage permet aux électeurs d'un parti d'exercer une influence perturbatrice sur l'élection des candidats d'un autre parti.

C'est là un grave danger du système. Reste à savoir s'il est absolument impossible de l'écarter.

Le premier moyen de l'éviter, le plus radical, est de supprimer le panachage, d'en revenir au système du double vote simultané avec radiation seule. Mais il entraîne une restriction à la liberté de l'électeur, d'autant moins justifiée que la manœuvre décrite peut être déjouée de bien d'autres manières.

D'abord, par un simple procédé de tactique. Si un parti redoute le panachage du parti adverse au détriment de ses candidats préférés, il peut mettre en œuvre à leur profit la faculté de radiation qui lui est reconnue : en rayant, par exemple, les noms des candidats auxquels il tient le moins, il avantage ceux dont il désire plus spécialement le succès et rend inefficaces les manœuvres d'un adversaire cherchant à le décapiter.

D'ailleurs, il peut à son tour panacher dans le même but, remplacer les noms rayés de ses propres candidats par les noms d'adversaires peu marquants. Mais dans ces conditions, si la manœuvre réussit d'un côté comme de l'autre, c'est la disparition à peu près certaine de tous les chefs de parti.

C'est un nouveau danger auquel on a remédié par une nouvelle transformation du système.

La manœuvre qu'il s'agit d'éviter est rendue possible par ce fait qu'elle ne saurait nuire à celui qui l'emploie, le chiffre électoral des partis étant déterminé par les suffrages de liste et non par les suffrages accordés individuellement aux différents candidats.

Le meilleur remède à la situation sera de rendre le panachage dangereux, en décidant que tout suffrage accordé par l'électeur d'un parti au candidat d'un autre parti comptera, non point seulement comme suffrage individuel à ce candidat, mais aussi comme suffrage de liste pour le parti auquel il se rattache. Un électeur radical, par exemple, ne pourra plus voter pour un candidat conservateur, sans donner en même temps une voix au parti conservateur. C'est le *classement des suffrages panachés à leurs listes respectives*.

Le système fonctionne de la manière suivante :

1° On fait le compte du nombre des bulletins de vote obtenus par chaque parti. Puis, on multiplie ce nombre par celui des députés à élire, afin d'avoir le total des suffrages donnés à chaque liste. Par exemple, si l'on retrouve dans l'urne 1.000 bulletins radicaux et qu'il y a 10 députés à élire, on dira que la liste radicale a obtenu $1.000 \times 10 = 10.000$ suffrages.

2° On compte le nombre de suffrages accordés à chaque candidat de chaque liste. Lorsqu'on rencontre un nom panaché, on retire un suffrage à la liste sur laquelle il est inscrit, et on en donne un à la liste sur laquelle il figure officiellement. Supposons qu'en dépouillant un bulletin radical, on rencontre le nom d'un candidat conservateur, on défalquera un suffrage de la liste radicale et on ajoutera un suffrage à la liste conservatrice.

Comme on le voit, le classement des suffrages panachés à leurs listes respectives complique singulièrement le dépouillement, mais c'est le seul moyen d'empêcher la manœuvre rendue possible par l'admission du panachage.

On a cherché cependant à concilier le respect de la liberté des électeurs, consacré par le panachage, avec la facilité des opérations électorales, et on a cru trouver cette conciliation dans le système du vote par suffrages, encore appelé vote par candidats.

4° Vote par suffrages ou par candidats.

L'électeur vote pour des candidats qu'il choisit à son gré sur les différentes listes.

Le chiffre électoral de chaque parti est déterminé

par la somme des voix accordées à ses candidats exclusifs, c'est-à-dire aux candidats ne figurant que sur sa liste.

Dans chaque liste sont élus les candidats qui ont obtenu le plus grand nombre de voix.

Ce système a l'avantage de respecter au plus haut point la liberté des électeurs. Mais il a l'inconvénient de rendre nécessaire la présentation de listes complètes. En effet, si les électeurs ne veulent rien perdre de leur puissance électorale, il faut qu'ils portent sur leurs listes autant de candidats qu'il y a de députés à nommer. C'est là une exigence absurde, car, avec la représentation proportionnelle et la présence de plusieurs listes, chaque groupe ne pourra jamais obtenir qu'une partie de la députation à élire.

A cet inconvénient on a remédié par une ingénieuse transformation, qu'on a désignée sous le nom de *vote par suffrages accumulés*, et qui est tout bonnement la combinaison de deux systèmes types : la concurrence des listes et le vote cumulatif.

Le procédé nouveau présente les avantages de l'un et de l'autre système.

A la concurrence des listes, il emprunte l'exacte proportionnalité dans l'attribution des sièges. Au vote cumulatif, il emprunte un mécanisme souple et délicat qui permet aux électeurs de manifester en toute liberté leurs préférences en faveur des candidats.

Par le cumul des suffrages, il devient très facile de

faire figurer sur les listes un nombre de candidats égal à celui des députés à élire.

Le vote par suffrages accumulés apparaît finalement commé le plus recommandable parmi les procédés du système de la concurrence des listes. Toutefois, l'emploi du vote cumulatif exigeant du corps électoral un certain sens d'appréciation, pour distinguer les nuances qui séparent les candidats et leur accorder en conséquence un nombre de suffrages plus ou moins considérable, dans certains cas, le meilleur procédé peut être le double vote simultané avec radiation et panachage (les suffrages panachés étant classés à leurs listes respectives). Tout dépend, en somme, de l'éducation du corps électoral au moment précis où l'on veut introduire la représentation proportionnelle dans un pays déterminé.

b) *Répartition des sièges entre les différentes listes.*

Pour déterminer le nombre de représentants auquel a droit chaque parti, on a recours soit au procédé du quotient électoral, soit à celui du chiffre répartiteur.

1° *Quotient électoral.*

Chaque liste obtient autant de sièges qu'elle contient de fois le quotient.

Supposons 10.000 suffrages et 10 députés à élire. Le quotient électoral résultant de la division du chiffre de votants par le nombre des sièges à pourvoir, sera ici de 10.000 : 10 = 1.000.

Supposons, d'un autre côté, trois listes en présence : l'une avec 5.000 voix, l'autre avec 3.000, la dernière avec 2.000, Les trois partis auront droit respectivement à 5, 3 et 2 sièges.

Dans la pratique, les choses ne se passent pas avec cette simplicité, Le chiffre électoral de chaque liste est rarement un multiple exact du quotient, comme dans l'exemple que nous avons choisi.

Modifions le nombre des suffrages attribués à chaque parti et supposons qu'il y ait : liste A, 4.412 suffrages ; liste B, 3.737 suffrages : liste C, 1.851 suffrages.

Si nous divisons le chiffre électoral de chaque liste par le quotient trouvé, nous aurons :

Liste A 4412 : 1.000 = 4 sièges + un reste de 412 suffrages
Liste B 3737 : 1.000 = 3   »   +   »   737   »
Liste C 1851 : 1.000 = 1   »   +   »   851   »

Sans tenir compte des restes de la division, nous attribuerons 4 sièges à la liste A, 3 à la liste B, 1 à la liste C.

Mais cela ne fait que 8 sièges répartis et il y en a 10. A qui attribuer les deux autres ?

Plusieurs solutions sont possibles :

1° Les attribuer exclusivement à la plus forte liste, la liste A dans notre hypothèse. Ce qui fera au total : liste A, 6 sièges ; liste B, 3 sièges ; liste C, 1 siège.

2° Les attribuer successivement aux listes ayant obtenu le plus grand nombre de suffrages ; donc, puisqu'il y a deux sièges, aux listes A et B ; ce qui ferait : liste A, 5 sièges ; liste B, 4 sièges ; liste C, 1 siège.

3° Les attribuer successivement aux listes auxquelles il reste les plus fortes fractions : un à la liste C, puis un à la liste B. Total : liste A, 4 sièges ; liste B, 4 sièges ; liste C, 2 sièges.

De ces procédés, le premier favorise la majorité seule ; le second, un peu moins exclusif, avantage les plus forts partis ; mais l'un comme l'autre le font au détriment des groupes moins importants.

Le dernier procédé, au contraire, se rapproche davantage de l'exacte proportionnalité. Ainsi, dans notre hypothèse, il n'y a aucune bonne raison pour n'attribuer qu'un siège à la liste C comme le font les deux premiers procédés.

En somme, nous voyons que la répartition exige deux opérations distinctes : l'une, faite sur la base du quotient ; l'autre, complémentaire, destinée à l'attribution des excédents, des sièges restant à pourvoir.

Dans le but d'éviter cette seconde opération, on a recherché un moyen de terminer la répartition en une seule fois, et au procédé du quotient on a substitué celui du chiffre répartiteur.

2° *Chiffre répartiteur.*

Il offre deux variantes : le système d'Hondt du commun diviseur et le procédé Hagenbach-Bischoff du plus un.

Système d'Hondt du commun diviseur.

Il consiste à trouver un chiffre répartiteur « qui donne un nombre de quotients égal au nombre de députés à élire ».

Pour cela, on divise successivement les chiffres

électoraux des différentes listes par 1, 2, 3, 4, etc.
On range les résultats ainsi obtenus d'après leur
importance ; le quotient qui occupe le rang corres-
pondant au nombre des sièges à pourvoir fournit le
répartiteur cherché.

Puisque, dans notre hypothèse, il y a dix
députés à élire, il faudra s'arrêter au dixième quotient.

En divisant les chiffres électoraux des listes comme
il vient d'être dit, nous aurons :

DIVISEUR	LISTE A	LISTE B	LISTE C
1	4.412	3.737	1.851
2	2.206	1.868	925
3	1.470	1.245	617
4	1.103	934	462
5	882	747	370

Rangeant ensuite les résultats d'après leur importance et en nous arrêtant au dixième, nous aurons :
4.412, 3.737, 2.206, 1.868, 1.851, 1.470, 1.245, 1.103,
934, 925.

Le chiffre répartiteur sera 925. C'est par lui qu'il
faudra diviser le chiffre électoral de chaque liste pour
savoir à combien de députés elle a droit. Le résultat
final sera :

Liste A 4.412 : 925 = 4 sièges + un reste de 712 suffrages.
Liste B 3.737 : 925 = 4   » +   »   37   »
Liste C 1.851 : 925 = 2   » +   »   1   »

D'un seul coup, les dix sièges à pourvoir sont
répartis entre les différentes listes.

Procédé Hagenbach-Bischoff du plus un.

Le chiffre répartiteur s'obtient en divisant le nombre des votants par celui des députés à élire, plus un ; d'où le nom du procédé.

Dans notre hypothèse, cela donnera $\dfrac{10.000}{10 + 1} = 909$

$$\text{Liste A } 4.412 : 909 = 4 + 776$$
$$\text{Liste B } 3.737 : 909 = 4 + 101$$
$$\text{Liste C } 1.851 : 909 = 2 + 33$$

Les dix sièges sont attribués et la répartition achevée du premier coup.

« Dans la plupart des cas, on arrivera ainsi au résultat cherché. Mais il est possible qu'on obtienne un nombre de représentants trop petit. Dans ce cas, il sera facile de trouver par tâtonnement un diviseur répartiteur en diminuant le quotient d'une quantité nécessaire (1). »

Aux deux procédés imaginés par MM. d'Hondt et Hagenbach-Bischoff, on a justement reproché leur complication. Ce défaut permet de leur préférer, en définitive, le procédé du quotient électoral avec attribution des excédents aux listes ayant les plus fortes fractions. C'est un procédé qui a au moins l'avantage d'offrir une grande simplicité, tout en aboutissant à une répartition suffisamment exacte.

---

(1) HAGENBACH-BISCHOFF. — *Manière de trouver le chiffre répar titeur.* (B. S., n° 5, p. 236).

II

L'INFLUENCE DE GENÈVE
En MATIÈRE DE REPRÉSENTATION PROPORTIONNELLE

Le but de la représentation proportionnelle est d'accorder aux différents partis un nombre de représentants en rapport avec leur importance numérique. — Nous venons de voir par quels procédés ce but peut être atteint. — Reste à savoir quelle est, au point de vue de la science politique, la valeur d'une telle conception.

Pour s'en rendre compte, il nous a paru intéressant de prendre la représentation proportionnelle dans un pays déterminé, d'y voir la conception naître, se développer, et finalement se concrétiser dans un système qui fonctionne et dont l'application fournit à l'observateur des résultats susceptibles de lui donner une connaissance éclairée par la critique.

Nous avons choisi le canton de Genève pour plusieurs motifs.

D'abord, une étude de législation comparée n'offre guère d'intérêt que par les enseignements à en tirer pour son propre pays. Mais, dans le domaine de la politique, les arguments d'analogie d'un peuple à un autre n'ont de valeur qu'autant qu'il s'agit d'institutions sensiblement analogues. Or le gouvernement du canton de Genève est, comme celui de la France à la fois démocratique et représentatif. Dans ces conditions, il devient très légitime de se demander si ce qui est bon là ne le serait pas également ici. Certains l'ont déjà pensé, puisque le système adopté par la loi genevoise du 3 septembre 1892 figure sans changements parmi les propositions parlementaires françaises (1).

A défaut de cette raison toute spéciale, un autre motif aurait déterminé notre choix : on peut dire, en effet, que Genève a été le centre du mouvement proportionnaliste (2).

En dehors du monde anglo-saxon, initié à la réforme par les ouvrages de Thomas Hare et de Stuart Mill, l'action de Genève a rayonné sur les pays latins : la Suisse, l'Italie, l'Espagne, la France, et même l'Amérique du Sud (3).

L'influence de Genève n'a pas seulement été grande dans l'espace, elle a été aussi la première dans le temps. C'est à la Constituante genevoise de 1842 que l'idée de la représentation proportionnelle apparaît pour la première fois dans un débat parlementaire, c'est à Genève qu'est fondée en 1865 la

----

(1) Proposition de M. l'abbé Lemire, du 25 juin 1896 (*Journal officiel, documents parlementaires de la Chambre des Députés*, annexe n° 1961, p. 609).

(2) A ce point que, dans certains endroits, on appelait la représentation proportionnelle la réforme de Genève.

(3) Ce résultat est dû à des influences toutes personnelles. C'est à la suite d'entretiens avec M. Ernest Naville que l'empereur dom Pedro fut initié à l'idée proportionnaliste et en résolut l'application dans ses immenses États. Je tiens ce détail de M. Naville lui-même.

première association réformiste; c'est Genève, enfin, qui voit naître la première publication périodique, spécialement consacrée à la cause proportionnaliste, *Le Réformiste*, de M. Amédée Roget (1868).

Comme le remarque M. Ernest Naville, dans un de ses nombreux rapports, « Genève a donc eu trois fois une sorte de primauté dans l'œuvre de la réforme électorale. »

A tous ces titres, l'étude de la représentation proportionnelle dans le canton de Genève peut présenter un certain intérêt, d'autant plus que la qnestion est d'actualité. En France, on l'a tout récemment proposée et nos voisins de Belgique viennent de la faire entrer dans leur législation.

III

LES INSTITUTIONS POLITIQUES
DU CANTON DE GENÈVE

L'article 1er de la Constitution du 24 mai 1847 établit les bases fondamentales de l'organisation politique : « La souveraineté réside dans le Peuple, tous les pouvoirs politiques et toutes les fonctions publiques ne sont qu'une délégation de sa suprême autorité. »

La souveraineté ainsi attribuée à la nation est exercée par trois organes distincts : le Conseil général, le Grand Conseil et le Conseil d'Etat.

a) *Conseil Général ou assemblée du peuple*.

1° Il nomme les membres du pouvoir législatif et du pouvoir exécutif.

2° Il concourt obligatoirement à la confection des lois constitutionnelles. (1)

3° Il peut participer à la confection des lois ordinaires grâce à l'existence du *referendum* (2) et du droit d'initiative (3).

Ces droits reconnus au peuple sont une évolution vers la démocratie directe que Rousseau considérait comme l'idéal ; ils constituent un abandon des principes classiques du gouvernement représentatif ; et engendrent un type de gouvernement que M. Esmein a caractérisé en le qualifiant de semi-représentatif .(4).

b) *Grand Conseil ou pouvoir législatif*.

Il est composé de cent députés élus au suffrage

---

(1) Art. 152 de la Constitution de 1847 : « Tout projet de changement à la Constitution sera d'abord délibéré et voté suivant les formes prescrites pour les lois ordinaires. Il sera ensuite porté dans le délai d'un mois à la sanction du Conseil Général. Dans ce cas, la majorité absolue des votants décidera de l'acceptation ou du rejet. »

(2) Loi du 26 avril 1879, art. 1er : » Les lois ou arrêtés législatifs votés par le Grand Conseil, sont soumis à la sanction du peuple, lorsque le *referendum* est demandé par 3.500 électeurs au moins dans le cours des 30 jours qui suivent la publication de ces lois ou arrêtés. »

(3) Loi du 5 juillet 1891, art. 2 : « 2.500 électeurs au moins ont le droit, par pétition motivée adressée au Grand Conseil, 1° de proposer un projet de loi ou d'arrêté législatif ; 2° de demander l'élaboration d'une loi ou d'un arrêté législatif sur un objet déterminé ; 3° de demander l'abrogation ou la modification d'une loi ou d'un arrêté législatif. »

(4) *Revue du droit public et de la science politique*, 1894, p. 15-41.

universel et direct, avec application du système proportionnel.

Il se renouvelle intégralement tous les trois ans.

Le canton est divisé en trois collèges d'arrondissement : un pour la ville de Genève, un pour la Rive Gauche du Lac et du Rhône, un autre pour la Rive Droite du Lac et du Rhône, nommant respectivement 34, 40 et 26 députés.

c) *Conseil d'Etat ou pouvoir exécutif.*

Il est composé de sept membres élus au suffrage universel et direct. — Il se renouvelle intégralement tous les trois ans.

Contrairement au principe de la séparation des pouvoirs rigoureusement interprété, le Conseil d'Etat a le droit d'initiative en matière législative. De plus les conseillers d'État assistent aux séances du Grand Conseil et prennent part à la discussion ; ceux d'entre eux qui sont en même temps députés au Grand Conseil continuent à y voter.

LES PARTIS POLITIQUES

Pendant longtemps, la politique genevoise n'a connu que les deux grands partis historiques des conservateurs et des radicaux. On ne sait trop pour quelles raisons les premiers s'appelèrent d'abord indépendants, et ensuite démocrates.

A côté de ces deux grands partis et à leur remorque

les catholiques et les ouvriers. Ces derniers marchant naturellement derrière les radicaux. Les autres un moment retenus dans le clan radical par l'habileté de James Fazy, se rattachèrent plus tard au grand parti conservateur protestant.

Vers 1890, une scission se produisit dans le parti radical ; certains mécontents prirent le nom de radicaux-nationaux, pour se distinguer des radicaux-libéraux qui constituaient le gros du parti. Ils eurent leur organe attitré, le *Radical-National,* mais rentrèrent peu à peu dans le sein du parti dont ils s'étaient détachés.

En 1895, ils furent remplacés par le groupe national ; si bien qu'actuellement on peut distinguer à Genève cinq partis principaux :

1° Le parti *démocratique,* ayant pour organe le *Journal de Genève* et composé des conservateurs protestants.

2° Le parti *indépendant* ou catholique romain, dont les idées sont défendues par le *Courrier de Genève.*

3° Le parti *radical-libéral,* représentant la nuance progressiste avancée, radicale - socialiste même, soutenu dans la presse par *Le Genevois.*

4° Le parti *ouvrier-socialiste,* et son journal *Le Peuple,* de Genève.

5° Le *groupe national,* qui mériterait de s'appeler parti indépendant au sens français du mot, et dont le programme est appuyé plus spécialement par le *Signal.*

La presse genevoise compte encore un autre organe fort répandu et qui ne se rattache à aucun parti politique déterminé : *La Tribune de Genève*.

IV

L'HISTOIRE DE LA REPRÉSENTATION PROPORTIONNELLE
DANS LE CANTON DE GENÈVE

La représentation proportionnelle fut présentée pour la première fois à Genève après la révolution de 1841. Un membre de la Constituante de 1842, M. Hoffmann, proposa d'établir légalement la représentation des divers groupes d'électeurs réunis par la communauté de leurs opinions autour de candidats de leur choix. L'idée parut bizarre ; on n'y prêta aucune attention.

La question fut enterrée jusqu'à la révolution de 1846. Victor Considérant, qui se trouvait alors à Genève, adressa aux membres de l'Assemblée Constituante une brochure sous forme de lettre, intitulée : *De la sincérité du gouvernement représentatif ou exposé de l'élection véridique* (26 octobre 1846). — Il n'eut pas plus de succès que M. Hoffmann en 1842.

Pourtant, les dernières élections au Grand Conseil (3 avril 1846) avaient fort nettement démontré les inperfections du système en vigueur : 1.409 électeurs radicaux avaient obtenu 19 députés, et 1.342 électeurs conservateurs en avaient obtenu 29.

La Constituante du 24 mai 1847 maintint néanmoins le système majoritaire. Des anomalies semblables à celles de 1846 allaient se reproduire.

Le 12 novembre 1854, les listes démocratiques l'emportèrent en Ville à 315 voix et à la Rive droite à 108 voix de majorité, et ainsi avec 423 voix de majorité seulement obtinrent 58 députés, tandis qu'à la Rive gauche la liste radicale passant à 516 voix de majorité ne nommait que 38 députés.

En 1864, la majorité radicale dans le canton, comptant 5.580 électeurs, n'obtint que 44 députés, tandis que la minorité conservatrice, ne comptant qu'une moyenne de 5.500 voix, en obtint 61 (1).

La Constituante de 1862 vit éclore deux projets destinés à obtenir la représentation des minorités : l'un, présenté par un radical avancé, le docteur Mayor, était le vote limité aux trois quarts ; l'autre, dû à deux députés conservateurs, MM. Antoine Morin et Charles Bellamy, était une variété du système des listes concurrentes. — La commission, dans son rapport du 4 septembre 1862, écarta l'une et l'autre proposition, comme « étant d'une application difficile et n'offrant pas à la population quelque chose de clair et de précis. »

La question ne resta pas longtemps dans l'ombre ; elle reparut à la suite d'une révolution nouvelle.

Le 22 août 1864, M. Chenevière était élu membre du Conseil d'État contre le fameux James Fazy, par

(1) Ces chiffres et les précédents sont fournis par M. Charles Bellamy. — (*Un progrès démocratique*, Genève, 1879).

5.677 voix sur 11.025 votants. Les partisans du
célèbre homme d'État refusent d'admettre cette
défaite ; ils font prononcer la nullité des opérations
par le bureau électoral ; puis, ils prennent les armes
et tirent sur la foule. Le gouvernement se montre
impuissant dans la répression de l'émeute, et les
troupes de la Confédération doivent intervenir pour
rétablir l'ordre troublé. Une enquête est ordonnée
par le Conseil fédéral, elle aboutit à un arrêté du
2 septembre 1864 qui annule la décision du bureau
et valide l'élection de M. Chenevière comme membre
du Conseil d'État dans le canton de Genève.

Quelques jours après (12 septembre 1864),
M. Ernest Naville, qui allait devenir l'apôtre de la
représentation proportionnelle, écrivait : « Les élections genevoises sont devenues une occasion
périodique de troubles. » Il montrait que tout le mal
provenait de l'exclusion des minorités, que le remède
était dans la représentation de tous les partis et que
tel était le but où devaient tendre les citoyens
soucieux du bien de leur pays.

En vue d'y arriver, il fonda le 15 janvier 1865,
avec six autres Genevois, une association réformiste,
« société libre ayant pour but d'éclairer l'opinion
publique sur la nécessité d'une réforme électorale,
et d'étudier les principes de cette réforme et leur
application pratique (1) ».

---

(1) Article 1er des statuts adoptés par l'assemblée générale du
15 février 1865.

Le succès de l'association fut très considérable : en un mois, son programme avait réuni 350 signatures ; un peu plus tard, le nombre des réformistes s'élevait à 770 (1). Cet élan fut retardé par l'attitude des meneurs politiques et des journalistes, qui, tous ou presque tous, se prononcèrent contre la nouvelle réforme.

Cela n'empêcha pas l'association de se mettre courageusement à l'œuvre et de proposer, dès 1866, le système du quotient simple (2).

Celui-ci fut accueilli avec peu de faveur. On le trouvait trop hardi, trop étranger aux habitudes suivies. L'Association réformiste l'abandonna pour adopter le système de la liste libre, qui se rapprochait beaucoup plus des usages établis et n'était que la simplification des projets rédigés quelques années plus tôt par M. Morin (3).

Pour faire prévaloir leurs idées, les réformistes résolurent de poser la question à la fois dans la presse et devant le Parlement.

Le 24 décembre 1868, M. Amédée Roget fondait un journal hebdomadaire, *Le Réformiste*, qui s'occupait exclusivement de la représentation des minorités, et qui parut jusqu'au 9 juin 1870.

---

(1) Ce chiffre a été donné par M. Naville à la séance de l'Association réformiste du 6 mars 1877. Il se trouve rapporté dans le tome II des procès-verbaux inédits.

(2) Pratique du nouveau système électoral (20 mars 1866).

(3) *Un nouveau système électoral*, Genève, 1861. — *De la représentation des minorités*, Genève, 1862.

Le 26 mai 1869, le même M. Roget, en compagnie de MM. Morin et Bellamy, présentait au Grand Conseil de Genève le projet élaboré par l'Association réformiste.

Sur un rapport défavorable de la Commission, celui-ci fut repoussé par 39 voix contre 9; il n'y avait eu que 48 votants sur 104 députés. C'était un grave échec pour les réformistes.

Une lueur d'espoir, cependant, avait brillé à leurs yeux. Le rapporteur, M. Charles Le Fort, tout en repoussant la représentation proportionnelle, avait reconnu l'insuffisance du régime électoral en vigueur et manifesté des sympathies pour le système du vote limité. — Ce système fut proposé au Grand Conseil le 8 juin 1870. Vigoureusement appuyé par une pétition des réformistes, il fut néanmoins repoussé par 40 voix contre 14, comme l'avait été quelques mois plus tôt la représentation proportionnelle.

En fait de modification au système électoral, on porta simplement de trois à cinq le nombre des circonscriptions du canton.

En vertu de l'article 152 de la Constitution, la ratification populaire était nécessaire. La votation eut lieu le 10 juillet 1870. La loi fut rejetée par 3.987 voix sur 7.328 votants. — On retombait donc dans le système antérieur, et il n'y avait rien de changé à l'organisation établie par la Constitution de 1847.

En somme, si nous nous arrêtons à la fin de l'année 1870, nous voyons que, malgré l'activité et les efforts des réformistes, la question est assez peu avancée à Genève.

Pendant les années qui suivent, la situation ne se modifie guère. Tout au plus peut-on signaler deux transformations du système de la concurrence des listes, l'une en 1871, l'autre en 1875. La première modification consista dans la substitution du double vote simultané avec radiation et panachage au système de la liste libre ou ordre de préférence, admis dans le projet primitif. La seconde modification au système fut l'introduction du vote par suffrages accumulés, combinaison du vote cumulatif et de la concurrence des listes.

L'année 1877 est signalée par une vigoureuse reprise de la campagne réformiste, qui s'était presque complètement arrêtée à la fin de 1870.

Les élections de novembre 1876 au Grand Conseil en furent la cause. Il y avait 110 députés à élire ; le parti du gouvernement, avec 7.000 voix, obtint 109 sièges ; celui de l'opposition, avec 5.000 suffrages, n'en obtint qu'un seul.

L'injustice était si criante que, cette fois, tous, même les adversaires des réformistes, furent bien forcés de reconnaître les inconvénients du régime suivi. La presse genevoise, qui s'était toujours montrée hostile à la cause proportionnaliste, changea d'attitude à son égard et examina ses idées avec plus de sympathie.

Le regain de popularité, donné à la représentation proportionnelle par les élections de 1876, allait encore s'accroître aux élections de 1878. En 1876, le parti radical obtenait tous les sièges moins un. En 1878, revirement complet : les conservateurs ont tous les représentants moins un.

Le parti démocratique, auquel le scrutin venait de donner la victoire, avait inscrit dans son programme « la réforme du système électoral, notamment des garanties pour la représentation équitable des minorités ». — Pour réaliser cette promesse, une commission fut nommée, qui déposa un projet de loi introduisant le vote limité aux trois quarts (12 mars 1879). Par 38 voix contre 32, le Grand Conseil décida de passer à un second débat. Mais finalement le projet fut repoussé par 47 voix contre 27.

Aux élections de 1880, un revirement nouveau se produisit, faisant brusquement passer la majorité des conservateurs aux radicaux : les vaincus conservaient 2 sièges sur 110. Cela explique que le 28 janvier 1882, M. Falletti jugea opportun de reprendre la proposition de vote limité aux trois quarts, présentée en 1879. Il n'eut pas plus de succès que ses prédécesseurs. Le Grand Conseil, par 56 voix contre 27, refusa de passer à un second débat.

Jusqu'en 1890, la cause de la représentation proportionnelle gagne fort peu de terrain, malgré les promesses du parti démocratique et les démarches de l'Association réformiste auprès des comités électoraux. On a beau multiplier brochures, conférences, essais pratiques ; l'opinion ne paraît guère s'émouvoir.

Mais un fait grave vient la secouer. Le 11 septembre 1890, éclate au Tessin une révolution rappelant, en plus terrible, celle qui avait ensanglanté Genève le 22 août 1864.

Un membre du gouvernement est tué, les autres emprisonnés ; l'intervention des troupes fédérales est nécessaire pour le rétablissement de l'ordre.

Une des causes de la révolution résidait certainement dans l'injustice du système électoral : le Conseil fédéral le reconnaissait formellement (1) et, en publiant un appel à l'insurrection, un journal révolutionnaire avait commencé par les deux lignes suivantes :

12.166 libéraux élisent 35 députés
12.783 conservateurs élisent 77 députés

Le remède au mal s'imposait : empêcher le soulèvement des partis en leur accordant une représentation en rapport avec leur force dans le pays.

« Les troubles de Genève en 1864 ont amené la divulgation de la réforme, écrivait M. Naville dans une brochure de circonstance (2). Il est permis d'espérer que les troubles du Tessin en 1890, contribueront à hâter sa réalisation pratique, »

Effectivement, un député radical, M. Wyss, dépose au Grand Conseil de Genève, le 17 septembre 1890, un projet de loi introduisant la représentation proportionnelle. La législature touchant à sa fin, le projet est renvoyé à la suivante et repris le 6 décembre 1890.

(1) Message du 22 septembre 1890.

(2) La question électorale en Suisse à l'occasion des troubles du Tessin.

La commission, nommée pour étudier la question, rapporta le 18 mai 1891. Elle s'était divisée en trois groupes. L'un, adversaire résolu de la réforme, en proposait l'ajournement indéfini (1). L'autre, partisan décidé de la représentation proportionnelle, se divisait sur le système destiné à la mettre en exécution : M. Frey maintenait les trois arrondissements du canton et admettait le double vote simultané avec radiation et panachage (2) ; M. Dubois-Miéville, au contraire, établissait l'unité de collège et voulait l'ordre de préférence (3).

La majorité paraissait favorable au projet de M. Frey. Néanmoins, beaucoup de députés ayant émis des doutes sur la facilité de son fonctionnement, on résolut de trancher la question en organisant un essai pratique, destiné à éclairer le public sur le mode d'application du système nouveau.

L'expérience eut lieu le 13 décembre 1891. Elle fut loin d'être concluante : des erreurs se glissèrent dans le dépouillement, dans la proclamation des candidats élus ; comme elles provenaient, en grande partie, de manœuvres qui ne se seraient pas produites dans une élection réelle, il était difficile d'en tirer un argument bien sérieux contre la représentation

(1) Rapport d'une minorité de trois membres, présenté par M. Favon. *Mémorial*, 1890-91, annexe p, 249 à 267.

(2) Rapport de la majorité, présenté par M. Frey, *ibid.* p. 229 à 249. Voir le projet, *ibid* p. 313.

(3) Rapport de M. Dubois-Miéville, en son nom personnel, *ibid.*, p. 267 à 284. Voir le projet, p. 284.

proportionnelle. — Le seul résultat vraiment efficace de cette élection fictive fut de dévoiler certains côtés faibles du système auxquels on devait s'efforcer de remédier.

La discussion fut reprise au Grand Conseil, le 2 avril 1892. Les adversaires de la proportionnalité firent tous leurs efforts pour entraîner l'échec de la réforme proposée ; dans ce but, ils déposèrent même un projet de vote limité aux deux tiers (1).

Les membres du Grand Conseil estimèrent qu'il n'y avait pas là une garantie suffisante pour les minorités ; et, le 6 juillet 1892, la représentation proportionnelle l'emportait finalement par 47 voix contre 29.

Pour devenir définitive, la loi votée par l'assemblée était soumise à la ratification populaire dans le délai d'un mois (art. 152 de la Constitution). Le peuple de Genève confirma le vote de son Grand Conseil par 3.793 voix contre 2.493 (votation du 7 août 1892).

Un projet de loi organique, déposé par le Conseil d'État, le 15 août 1892, devint, après quelques modifications, la loi du 3 septembre, aujourd'hui en vigueur dans le canton de Genève.

Cette loi a été appliquée trois fois, aux élections de 1892, 1895 et 1898.

Son texte, obscur en certains endroits, a donné lieu à quelques difficultés d'application. La loi du

____

(1) Proposition de M. FAZY (29 juin 1892). *Mémorial*, 1891-92, annexe, p. 546.

25 janvier 1896 est déjà venu le modifier sur un point. D'autres changements seront vraisemblablement apportés d'ici peu (proposition de M. Rutty, 1ᵉʳ février 1899, actuellement soumise à l'examen d'une commission) (1).

Les adversaires de la représentation proportionnelle ont voulu en tirer argument contre le principe même de la réforme. A plusieurs reprises, ils ont même tenté d'entreprendre une campagne contre elle ; mais ce fut toujours sans succès ; l'institution paraît solidement établie dans le système électoral du canton de Genève.

Cependant, si la représentation proportionnnelle s'est maintenue dans ses positions, elle n'a pas gagné de terrain. Une demande d'extension aux Conseils municipaux, déposée le 31 mai 1893, a été rejetée le 21 octobre de la même année (2).

(1) *Mémorial*, 1898-1899, p. 262 à 279, annexe, p. 69.

(2) Voir le *Mémorial*, 1892-93, tome I, p. 858 à 876, tome II, p. 1178 à 1190, annexe, p. 519 à 526.

PREMIÈRE PARTIE

LE PRINCIPE
DE LA REPRÉSENTATION PROPORTIONNELLE
DANS LE CANTON DE GENÈVE

I

LES INCONVÉNIENTS DU SYSTÈME MAJORITAIRE

Le vice capital du système majoritaire est d'entraîner l'exclusion de tous les partis qui n'ont pas obtenu la majorité absolue ou relative des suffrages.

Il en résulte qu'un certain nombre d'électeurs, qui peut aller jusqu'à la moitié du chiffre total des votants, se trouve privé de toute représentation. Les trois élections successives de 1876, 1878, 1880 nous ont montré comment l'un des deux grands partis pouvait n'obtenir qu'un ou deux députés (1).

(1) Consulter l'historique. — Y voir aussi les résultats des élections de 1846, 1854, 1864.

En 1882, M. Falletti constatait : « Les 17 Grands
Conseils, qui ont passé sous nos yeux depuis 1848,
ne représentaient, pour la plupart, qu'un peu plus
de la moitié des électeurs, tandis que l'autre fraction
du corps électoral, le tiers, pour ne pas dire les deux
cinquièmes, se voyait exclue de l'assemblée législative ou ne parvenait à faire passer qu'un nombre
insignifiant de ses candidats. » (1)

Quoi de plus contraire au principe de l'égalité entre
citoyens ? Il y a des électeurs qui sont représentés
et d'autres qui ne le sont pas, car c'est une véritable
dérision de considérer les électeurs vaincus comme
représentés par les candidats de leurs adversaires.
On a proclamé le suffrage universel au nom de
l'égalité, et les suffrages ne sont pas égaux : si je
suis dans la majorité, mon bulletin est une voix,
dans la minorité, ce n'est qu'un chiffon de papier.

*
* *

L'exclusion des minorités est la source de tous les
inconvénients qui découlent du système majoritaire.

D'abord, elle empêche la libre formation des partis
politiques, elle ne permet point leur constitution
indépendante, et aboutit fatalement à la division du
corps électoral en deux partis exclusifs. Puisqu'en
effet la moitié plus un des électeurs obtient tous les
représentants, la députation devient un monopole à

(1) Rapport présenté au Grand Conseil le 20 septembre 1882.

se disputer et les électeurs doivent se grouper suivant leur affinités pour arriver le plus près possible de cette majorité, condition *sine qua non* de leur vie politique pendant toute la durée d'une législature.

Or la division d'un peuple en deux partis seuls en présence est vraie dans certains moments de crise, lorsqu'une question brûlante, d'un intérêt capital, passionne l'opinion publique. Mais dans les circonstances ordinaires, une nation renferme trois, quatre, cinq catégories d'électeurs qui ont des vues différentes, qui constituent autant de partis distincts.

Ce n'est pas tout. En dehors des partis politiques, il y a ce que M. Naville appelle, par opposition, le *parti social*. Ce parti est formé de citoyens qui, restant en dehors des luttes politiques, veulent tout simplement être gouvernés de la manière la plus profitable à tous, en un mot, désirent réaliser autant que possible les bienfaits de l'état social.

Or parti social comme partis politiques ne peuvent avoir leur existence autonome, leur vie indépendante, il n'y a place que pour deux partis exclusifs.

Dans ces conditions, les minorités, trop faibles pour acquérir par elles-mêmes une part de représentation, ne peuvent que s'allier à l'un ou l'autre des deux grands partis pour le faire triompher par l'appoint de leurs voix. Impossible pour elles d'avoir une politique propre ; la seule chose qui leur soit permise, c'est de soutenir le parti dont le programme semble le moins contraire à leurs intérêts.

Telle a été à Genève la situation des catholiques romains, et cela explique que tantôt ils furent avec les radicaux et tantôt avec les conservateurs : tout dépendait de la politique confessionnelle adoptée par ces partis. Telle fut également la situation des ouvriers socialistes qui, pendant longtemps, n'eurent d'autre ressource que d'attacher leur petite barque au grand navire du parti radical.

Ces coalitions de groupes à tendances rapprochées se font au moyen de compromis, où chacun abandonne quelques-unes des idées qui lui sont chères, pour arriver à un programme commun. Au lieu de déclarations nettes, précises, fermes, les partis ne présentent aux électeurs que des promesses vagues, confuses, parfois même contradictoires.

Et cela se comprend. La grosse question est d'attirer à soi le plus grand nombre d'électeurs ; il faut donc éviter à tout prix ce qui pourrait les écarter. Si l'on se montre trop avancé, on n'aura pas les voix des modérés ; si l'on se fait trop timide, on se verra abandonné des audacieux. Le programme des partis devient alors un amalgame d'opinions destinées à satisfaire le plus possible d'électeurs, et ils arrivent à si bien pratiquer cet art que dans certains cas l'on pourrait se demander en quoi diffèrent les opinions des adversaires en présence.

Bien souvent, au lieu de porter sur les idées, les luttes dégénèrent en questions personnelles. La grande tâche des comités est alors de chercher à découvrir les candidats les plus populaires : l'un

4

sera une concession faite à un cercle important, l'autre à un journal qui a de l'influence ; tel candidat représente ces communes-ci de la campagne qu'il faut amener au scrutin ; tel autre, ce quartier-là de la ville, dont les susceptibilités sont à ménager. C'est une série de marchandages conclus sur cette base : je vous donne tant de voix pour obtenir sur vos listes tant de candidats.

Le marché sera plus ou moins avantageux, suivant les cas ; mais, toujours ou presque toujours il sera conclu : le grand parti a besoin du petit groupe, ses voix lui sont nécessaire pour former la majorité, et à la rigueur il consentira un sacrifice même important pour obtenir la moitié plus un des suffrages ; c'est pour lui une question de vie ou de mort

*
* *

La défaite électorale est la mort légale du parti vaincu : tout le système tient en ces quelques mots. Aussi l'élection devient une lutte ardente, le choix des représentants, une bataille acharnée ; il faut déchirer le corps électoral en deux morceaux et obtenir la plus grosse part. L'esprit de parti se met en campagne. On s'occupe à accroître la division là où elle existe, à la créer là où elle n'existe pas. On s'adresse non seulement à toutes les idées, à tous les intérêts légitimes, mais à tous les préjugés, à toutes les passions. On récrimine sur le passé ; on montre des fantômes menaçants à l'horizon de l'avenir.

Toutes les causes de dissentiment sont accrues, envenimées, exaspérées.

Cet esprit de combat ne s'arrête pas avec la fin de la campagne électorale ; nous le retrouvons dans l'élection elle-même. La grande masse des électeurs vote moins pour un parti que contre un autre. Or, faire de l'élection représentative une lutte est un énorme contre-sens.

« Une élection, dans l'ordre vrai des choses, doit être le choix de représentants fait par des hommes libres. En votant *pour* ses candidats, l'électeur ne vote *contre* personne ; l'usage de son droit n'est pas la destruction d'un autre droit ; l'expression de sa volonté ne supprime jamais l'expresssion de la volonté d'autrui. En introduisant la lutte dans les élections, le principe majoritaire entretient la guerre civile en permanence » (1).

Et celle-ci produit ses fruits. Sans exagération, on pouvait constater que les élections genevoises engendrent une occasion périodique de troubles. Les faits étaient là du reste ; quelques-uns sont typiques.

Dès son ouverture, la salle officiellement désignée sous le titre de Bâtiment électoral reçut du peuple un autre nom, celui de boîte à gifles.

Effectivement, le tumulte est la règle. Témoin la journée dite des ardoises, « où des matériaux pré-

____

(1) NAVILLE. — *Le fond du sac*, p. 26-28.

parés pour une construction ont été transformés en instruments électoraux et jetés à la tête des citoyens (1). »

Témoin encore la fusillade du 22 août 1864 (2).

Le calme est l'exception ; plus que cela même, c'est une dérogation surprenante aux habitudes suivies. « Dans la dernière élection du collège de Genève, les adhérents des quatre listes s'étant trouvés en présence pendant 8 heures, sans qu'aucun horion ait été administré, sans qu'aucune injure ait été proférée, le fait a été consigné comme un phénomène inouï dans nos annales électorales (3) ; » car, « un jour d'élection semble chez nous un retour périodique à l'état de nature (4). »

C'est le résultat normal du principe : Tout aux uns, rien aux autres. Et dans un pays comme Genève, où il suffit d'une centaine de voix pour être tout ou pour n'être rien, on conçoit facilement quelle tentation donne un pareil système d'avoir recours, pour obtenir la majorité, aux pires moyens : la fraude, la corruption par l'argent, les faveurs, les promesses, l'action des pouvoirs publics et des influences privées.

---

(1) *Lettre sur la réforme électorale*, adressée à une dame de Genève, par M. Ernest NAVILLE. (R. B., mars 1887, p. 36).

(2) Voir l'historique.

(3) *Le Réformiste*, n° du 11 mars 1869.

(4) Rapport de M. NAVILLE au conseil de l'association réformiste (21 novembre 1865).

Tout cela, ce n'est pas la liberté. Le système majoritaire y porte encore atteinte en forçant les partis à exiger des électeurs la plus rigoureuse discipline.

Puisqu'il s'agit d'obtenir la majorité des suffrages, les électeurs doivent voter les listes entières, compactes, sans se permettre d'en retrancher un seul nom. On réclame des citoyens la plus exacte obéissance : la vertu du soldat devient celle de l'électeur.

Le Réformiste faisait, à cet égard, une observation piquante. « Nous habitons un pays fier de sa liberté, et c'est à l'époque des élections que cette liberté devrait, ce semble, se manifester avec la plus grande énergie. D'où vient donc que, pendant la période électorale, on n'entend parler que d'armée, de bataille, d'alignement, de consigne, de discipline, de revanche, d'ennemis, etc. Qu'est-ce que tout ce vocabulaire militaire a à faire avec la cause de la liberté ? N'y a-t-il pas là l'indice du vice profond de notre système électoral ? (1). »

Ce vice entraîne les plus tristes conséquences.

Théoriquement, un parti est la réunion de citoyens qui ont des aspirations identiques et choisissent les représentants chargés de soutenir et de défendre leurs idées.

Pratiquement, c'est un amalgame d'électeurs suivant les directions que leur imposent les comités et les meneurs.

(1) Numéro du 11 novembre 1869.

L'existence de deux partis exclusifs fait des comités électoraux deux oligarchies rivales qui s'attribuent le pouvoir de désigner des candidats et ne laissent aux électeurs que le choix entre les listes confectionnées par eux.

Dès lors, l'élection des candidats devient une apparence, le vote pour un parti la seule réalité ; les citoyens sont de simples votants et les chefs de partis les seuls électeurs. C'est le régime de la comitocratie, comme disait le *Journal de Genève*.

Cette prépondérance des comités tient, pour une bonne part, à la manière dont les listes sont composées. L'électeur y rencontre trois catégories de candidats :

1° Des candidats qu'il connaît et considère comme capables de bien gérer les affaires publiques ;

2° Des candidats auxquels ils en préférerait d'autres. Tel nom figure sur la liste pour attirer au scrutin telle catégorie d'électeurs : les radicaux porteront un socialiste pour attirer les ouvriers ; les conservateurs protestants adopteront uu candidat catholique pour obtenir les voix de ses correligionnaires. Il est bien certain que cela ne fera l'affaire ni des vrais radicaux, ni des purs démocrates ;

3° Des candidats que l'électeur ne connaît point. Cela tient à longueur des listes, les collèges du canton de Genève nommant de 25 à 40 députés. Sur ces candidats, une bonne moitié est inconnue des électeurs, d'autant plus que bien souvent les comités font choix de noms peu marquants, destinés à n'effaroucher personne.

De ces trois catégories de candidats, la première seule est réellement voulue de l'électeur : ce sont des hommes qui ont sa confiance, qu'il juge capables de le représenter dignement, et auxquels il fait en conséquence délégation des pouvoirs à lui conférés par la Constitution. Aux autres, il n'accordera ses suffrages que par esprit de discipline : pour ne pas nuire à son parti, il suivra les recommandations des journaux et des comités, il fera taire ses préférences personnelles, il votera la liste compacte sans y changer un seul nom.

Si toutefois l'esprit de discipline ne l'emporte pas sur le sentiment de la dignité, si l'électeur se refuse à porter sans modifications la liste d'un parti, il faut de deux choses l'une : ou qu'il s'abstienne, ou qu'il panache.

L'abstentionnisme, mal endémique et universel, paraît avoir sévi à Genève comme partout ailleurs, puisque la proportion des votants sur les inscrits n'y dépasse jamais 70 %.

La cause en est facile à discerner. Beaucoup de citoyens se désintéressent complètement de la politique parce qu'ils sentent l'impuissance des bonnes volontés et des efforts individuels ; beaucoup désertent le scrutin parce que, ne pouvant donner dans l'intime de leur conscience leur adhésion complète à l'un ou à l'autre des partis en présence, ils n'ont d'autre alternative que de s'abstenir ou de venir déposer dans l'urne un suffrage sans sincérité.

Entre l'abstention et le vote discipliné, il y a

pourtant une solution intermédiaire, le panachage ; avec le système majoritaire, c'est le seul moyen donné aux électeurs indépendants et éclairés de voter en toute liberté.

Malheureusement, son action est toujours incertaine. Supposons en présence deux listes portant respectivement A, B, C... et A' B' C'... Des électeurs du premier parti voulant C' peuvent le porter à la place de A ; si d'autres panacheurs en plus grand nombre abandonnent C', celui-ci ne passera pas ; les partisans de la première liste auront donc détourné leurs suffrages en pure perte.

Donc, qu'il recoure à l'abstention ou au panachage, l'électeur indépendant aboutit presque fatalement à l'impuissance : dans le premier cas, elle est certaine ; dans le second, elle est probable.

Dans ces conditions, il est possible qu'il sacrifie ses préférences personnelles et vote compacte comme la masse docile et disciplinée. Car ce qu'il faut, avant tout, c'est la soumission passive, l'obéissance aveugle aux décisions des chefs politiques. Avec le système majoritaire, la discipline absolue est la condition de la victoire.

Or, cette condition, qui la réalise le mieux ? La partie du corps social où il y a le plus de passions et le moins de lumières. Si, en effet, les électeurs veulent remplir leur devoir en conscience, s'ils veulent accorder leurs suffrages aux seuls candidats qu'ils connaissent et qui ont leur confiance, si le sentiment de leur dignité personnelle s'oppose à ce qu'ils élisent sans distinction tous les candidats portés sur la liste d'un parti — et ce sera le fait des plus indépendants et des plus éclairés — force leur est de recourir ou à l'abstention ou au panachage, deux procédés essentiellement défectueux parce qu'ils entraînent une perte de suffrages.

On en arrive ainsi à cette constatation désolante que « l'influence électorale des citoyens est en raison inverse de la culture de leur esprit et de l'indépendance de leur caractère. » (1)

Voilà les effets du principe majoritaire en ce qui concerne les électeurs. Sur la marche du gouvernement, son influence n'est guère meilleure.

*
* *

L'exclusion des minorités entraîne comme corollaire le désaccord possible entre le corps électoral et le corps élu, entre le parlement et le peuple, entre le pays légal et le pays vrai, comme disent les réformistes.

A Genève, il est facile de s'en rendre compte par les résultats du *referendum*. En 1878, par exemple, le Grand Conseil avait adopté un projet de remaniement constitutionnel à une voix de majorité ; il fut repoussé, à la votation populaire du 6 octobre, par

---

(1) Rapport de M. Naville à la conférence internationale d'Anvers (R. B, 1885, p. 251).

8.758 non contre 2.593 oui ; les refusants avaient dépassé les trois quarts des votants.

Cela permet de supposer qu'avec le système majoritaire, les décisions peuvent parfois être prises par les représentants d'un quart seulement des electeurs.

A l'ordinaire le désaccord se manifeste d'une façon moins éclatante, mais non moins certaine.

Ainsi, de 1848 à 1895, sur 46 votations populaires fédérales, 17 seulement ont donné un résultat affirmatif.

A Genève, le *referendum* facultatif reconnu par la loi de 1879 a été peu employé. « Il n'en a été fait usage que deux fois, contre une loi décrétant la construction d'un chemin de fer de Genève à Annemasse et contre un arrêté qui accordait une subvention cantonale de 400.000 francs à un chemin de fer d'intérèt local construit par une société privée. La loi fut acceptée et l'arrêté rejeté. » (1)

Le désaccord signalé entre le peuple et les conseils semble une conséquence presque fatale de la manière dont le système majoritaire compose les assemblées élues.

Sur les 17 Grands Conseils, qui se sont succédé à Genève entre 1848 et 1882, 9 ne représentaient qu'un seul parti, 5 avaient des majorités beaucoup plus fortes que ne le comportait le nombre des électeurs qui avaient voté pour elles, 2 voyaient les partis

____

(1) DEPLOIGE. — Le *referendum* en Suisse, 1892, p, 164.

s'équilibrer ; enfin, un seul ne représentait dans sa majorité que la minorité de la nation.

« Dans nos cantons suisses, si fiers de leur liberté, écrivait M. Naville (1), il existe des groupes considérables d'électeurs, des citoyens en grand nombre et souvent les plus éclairés, les plus dévoués à la chose publique, qui ont le sentiment distinct et parfois amer de la servitude politique. Ils ne sont pas soumis à la majorité, comme cela doit être, après avoir été entendus, après avoir apporté leur part d'influence dans les délibérations, après avoir participé au vote ; ils sont exclus de la vie publique, ils ne comptent pour rien dans l'État... La minorité est mise politiquement hors la loi... Il y a des proscrits politiques sur le sol de la patrie. »

Louis Blanc exprimait la même chose en d'autres termes, quand il disait : « Partout où la voix des minorités est étouffée, le gouvernement n'est qu'un gouvernement de privilèges au profit du plus grand nombre, et n'oublions pas que la tyrannie germe dans tout privilège » (2).

La représentation exclusive de la majorité numérique a la tyrannie pour aboutissant fatal et naturel. D'abord, suivant la parole célèbre de Montesquieu : « C'est une expérience éternelle que tout homme qui a du pouvoir est porté à en abuser : il va jusqu'à ce

(1) *La patrie et les partis*, p. 15. — *Le fond du sac*, p. 24. — *La réforme électorale en France*, p. 18-19.

(2) Dossier de l'*Association réformiste*, pièce n° 10.

qu'il trouve des limites (1) ». Ensuite, « le nombre a cela de terrible qu'il peut se prendre avec une certaine bonne foi pour la justice même (2). »

Ici encore l'histoire politique de Genève démontre les funestes effets du régime majoritaire. M. Fazy les rappelait au Grand Conseil dans la séance du 2 juillet 1892. « Nous avons vu, Messieurs, de Grands Conseils homogènes, nous en avons vu sous tous les régimes, et il y a une trentaine d'années, lorsque je venais assister aux discussions d'une assemblée de ce genre, j'avais le sentiment — permettez-moi d'emprunter une citation à Shakespeare — qn'il y avait quelque chose de pourri dans le royaume de Danemark, parce que je voyais un Grand Conseil qui votait sans discussion aucune presque tous les projets que lui présentait le Conseil d'État (3). »

Dans ces conditions, le pouvoir exécutif devenait le maître incontesté du canton, et le pouvoir exécutif agissait parfois sous l'impulsion d'un seul homme : la quasi-dictature du fameux James Fazy (4) en est une preuve irrécusable.

Un autre défaut du système majoritaire est d'en-

(1) *Esprit des Lois*, livre XI, chapitre IV.

(2) Dupont-White. — Introduction au Gouvernement représentatif de Stuart Mill.

(3) *Mémorial*, 1891-92, tome II, p. 1284.

(4) On l'a justement comparé au *Boss* américain (Laurence Lowell. *Les partis politiques aux États-Unis. Revue du droit public et de la science politique*, 1898, p. 203).

gendrer l'instabilité. Ce vice devait se manifester à Genève d'une manière particulièrement éclatante, par suite de l'égalité des deux grands partis en lutte. Un faible déplacement de voix suffisait pour opérer dans le gouvernement les plus profonds bouleversements, pour faire passer brusquement le pouvoir législatif de droite à gauche et de gauche à droite.

L'inconvénient était encore aggravé par la fréquence des élections, qui avaient lieu tous les deux ans (1). Exemple : En 1876, sur 110 députés, les radicaux en obtiennent 109. A l'élection suivante (1878), les démocrates obtiennent tous les représentants moins un. En 1880, revirement nouveau : les radicaux ont 108 sièges, les démocrates 2.

Ce système, justement qualifié de « balance folle, » produit de graves perturbations dans la conduite des affaires publiques. « La politique du pays est alors équilibrée sur une aiguille, et il suffit du moindre poids additionnel pour faire tomber toute la machine d'un extrême dans un autre (2). »

On reproche encore au régime majoritaire de produire l'abaissement de l'ordre politique.

Les hommes les plus capables peuvent être exclus du corps législatif — et cela pour plusieurs raisons.

D'abord, les citoyens, que leur culture intellectuelle rend les plus aptes à faire des choix judicieux,

---

(1) D'après la Constitution de 1847, le Grand Conseil était nommé tous les deux ans. — Depuis la loi constitutionnelle du 5 juillet 1891, le renouvellement a lieu seulement tous les trois ans.

(2) *Journal de Genève*, n° du 5 janvier 1879.

constituent une faible minorité, et, à ce titre, auront peu d'influence sur le résultat du scrutin.

En second lieu, dans la confection des listes qui sont présentées aux électeurs, les comités cherchent à faire figurer non point les candidats dont la valeur personnelle est la plus grande, mais ceux dont l'influence attirera au parti le plus grand nombre de suffrages.

Enfin, la majorité seule obtenant tous les sièges, l'assemblée se trouve privée des lumières qu'apporteraient dans les débats les représentants des diverses opinions. Du même coup disparaît la discussion vraiment éclairée des questions à trancher, principal avantage du gouvernement représentatif sur la démocratie directe.

*
* *

Nous pensons avoir, par cette longue analyse, exposé complètement les inconvénients du système majoritaire. Le tableau peut paraître bien noir ; et, s'il est exact, on ne comprend guère le maintien prolongé d'un régime aussi défectueux.

L'esprit de parti et l'intérêt égoïste n'y sont pas étrangers. « Pour beaucoup de gens, disait M. Charles Secrétan (1), la question pratique est uniquement de garder le pouvoir lorsqu'on le possède, et de

____

(1) Cité par M. Naville, dans *La question électorale en Europe et en Amérique,* 1871, p. 199.

s'emparer du pouvoir lorsqu'on ne le possède pas. »
Or, à ce point de vue, le système majoritaire est un
remarquable instrument ; il sert à merveille les
aspirations dominatrices des chefs de partis, qui
peuvent diriger en maîtres les élections représentatives ; il satisfait l'ambition des politiciens autori-
taires, qui, par la possession sans partage du pouvoir,
deviennent les véritables souverains de la nation.

Une autre cause, surtout, contribua au maintien
du principe majoritaire. C'est qu'en fait le système
s'était amendé et ne produisait plus ces résultats
outrés dont l'exagération même démontrait l'absur-
dité.

*
* *

A quelle date faut-il faire remonter ces transformations ? Il est assez difficile de préciser, car on se
trouve en présence d'une évolution lente et pro-
gressive.

Cependant, on peut dire que c'est approximative-
ment vers 1870 que s'est fait jour l'idée de l'utilité d'une
certaine représentation des minorités. La proposition
de vote limité faite à cette époque par les adversaires
de la représentation proportionnelle, l'organisation
du panachage pratiqué jusque-là d'une façon irré-
gulière, commencent à battre en brèche l'*exclusisme*
des partis (1). Le développement du sentiment

(1) Le mot ne paraît guère français, mais il est employé couramment par les réformistes genevois. C'est pourquoi nous nous permet-
ons de le reproduire.

d'indépendance chez les électeurs, peut-être aussi les efforts de l'Association réformiste, mais surtout les déplorables effets du retour à l'ancien état de choses, achevèrent d'améliorer le système majoritaire, à ce point qu'en 1889 M. Frey pouvait écrire : « Ce qui retarde le plus, à notre avis, la reconnaissance officielle de la réforme électorale, c'est que l'esprit de conciliation a si bien prévalu depuis quelques années dans la population, que la minorité se trouve être toujours représentée dans une assez large mesure (1) ».

Nous pouvons donc distinguer deux phases dans l'histoire du système majoritaire à Genève. Pendant la première période, deux partis sont seuls en présence, dont l'un obtient la totalité de la représentation, lors même qu'il ne disposerait que d'une très faible majorité. Pendant la seconde période, la représentation exclusive d'un seul parti révolte chez les citoyens le sentiment de la justice : les comités électoraux font des concessions à leurs adversaires, ou, ce qui est plus fréquent, des listes de conciliation sont formées avec les candidats des différents partis et produisent une représentation de tous les groupes, non pas peut-être avec une régularité mathématique, mais d'une façon parfaitement suffisante pour assurer la bonne marche des affaires.

Ces améliorations découlent toutes de l'idée que la représentation exclusive de la majorité est un mal

---

(1) *Manuel de représentation proportionnelle*, p. 11.

et qu'il est utile de trouver à côté d'elle les représentants des autres opinions, ou plus exactement les députés de l'opposition. Car, au fond, les luttes du système majoritaire se réduisent à ceci : deux grands partis se disputent le pouvoir, l'un le possède, l'autre cherche à s'en emparer.

II

L'UTILITÉ
D'UNE CERTAINE REPRÉSENTATION DES MINORITÉS
ET LES MOYENS DE L'OBTENIR

L'opposition doit être représentée dans l'intérêt même du pays. En effet, pour que la législation soit bonne, pour qu'elle soit juste, il faut qu'il y ait un débat, qu'on entende le pour et le contre, qu'on se décide en connaissance de cause, qu'on sache si on ne va pas violer certains droits ou léser tel et tel intérêt. La représentation exclusive de la majorité empêche généralement les discussions éclairées et remet le plus souvent à l'esprit de parti le soin de trancher des questions où la considération du bien général devrait seule intervenir.

Il est donc utile que l'opposition soit représentée. De bonne heure, les partisans les plus convaincus du système majoritaire en étaient arrivés à cette conclusion et s'accordaient sur ce point avec les proportionalistes les plus ardents. Mais l'unanimité cessait dès qu'on abordait l'étude des moyens propres à réaliser cette représentation de la minorité.

Les uns trouvaient suffisant le maintien du système majoritaire amélioré par l'esprit de conciliation : pour eux, l'intervention de la loi était inutile, il n'y avait qu'à laisser agir les mœurs et l'opinion. Les autres estimaient celles-ci impuissantes à produire le résultat désiré et jugeaient l'intervention du législateur nécessaire. Mais à cet égard de nouvelles divergences se manifestaient. Quelle solution légale fallait-il préférer? la multiplication des arrondissements électoraux ? le vote limité ? la représentation proportionnelle ? Autant de réponses différentes qu'il nous faut maintenant aborder avec l'examen des combinaisons proposées.

*
* *

En premier lieu, les partisans du *statu quo* soutenaient que le système majoritaire s'étant amélioré, la meilleure solution serait de le maintenir. Pour obtenir la représentation de l'opposition, on pouvait recourir soit aux concessions des comités électoraux, soit à la mise en œuvre du panachage.

Ces deux moyens avaient fait leur apparition à des dates différentes. Le panachage était pratiqué dès avant 1870 ; et c'est seulement aux élections de 1878 qu'on voit pour la première fois les comités électoraux reconnaître la convenance de faire une certaine part à la minorité.

Les concessions et le panachage, indiqués par les tenants du système majoritaire comme correctifs de leur principe, sont-ils réellement suffisants ? Quand on y regarde de près, il est bien permis d'en douter.

Les comités de partis, lorsqu'ils ne se montrent pas totalement intransigeants (1), se font volontiers la part du lion. Et cela est naturel. Un parti politique croit être assuré de la majorité dans un collège et il a des raisons de craindre de ne pas l'obtenir dans un autre, ce serait lui demander une abnégation surhumaine que lui réclamer de faire une part à ses adversaires dans le collège où il a la majorité.

Du reste, en admettant que la proposition de faire une part aux adversaires obtienne un certain crédit auprès d'un comité électoral, il faut encore décider quels candidats on portera sur ses listes ; le plus souvent, ce seront des individualités de second

______

(1) Exemple de cette intransigeance. « Dans les élections dn Grand Conseil du 10 novembre 1872, l'opinion publique était exclusivement préoccupée des affaires de l'Église catholique ; les deux partis des radicaux et des indépendants, faisant plus ou moins trêve à leurs luttes, ont présenté des listes de compromis ou de conciliation, dont le but commun était d'exclure les *ultramontains*, c'est-à-dire les catholiques romains demeurés soumis aux décisions récentes de leur Église. Les ultramontains formant une faible minorité dans le corps électoral, le résultat était facile à atteindre, et l'on a réussi, en effet, à exclure presque entièrement de la représentation nationale l'une des opinions le plus directement intéressées dans les questions qu'on allait traiter. » (NAVILLE. — *Les progrès de la réforme électorale en 1873*, p. 13.)

rang, des hommes peu marquants du parti adverse. C'était le danger entrevu par M. Camperio quand il s'écriait à la Constituante de 1862 : « Une minorité qui n'est pas nommée par elle-même est une minorité qu'on tolère ; nous n'en voulons pas. » (1)

Défectueux sous tous ces rapports, le système des concessions l'est encore à un autre point de vue.

« Quelle est, interrogeait M. Naville, la destinée du simple électeur en présence de la liste de son parti qui fera la part du parti opposé? Vous lui offrez une liste. Il y trouve les noms d'hommes qui ont sa confiance et les noms d'autres hommes qu'il connaît pour ses adversaires politiques déclarés. Que lui demandez-vous? De choisir ses représentants? En ce cas, vous lui demandez de mentir. De désigner les représentants des autres? Vous lui demandez alors de faire la besogne d'autrui .» (2)

C'est si vrai qu'en 1878, lorsque le système des concessions fit sa première apparition, ce sentiment se manifesta clairement chez un grand nombre d'électeurs. « Beaucoup de nos concitoyens, dit M. Roget, se récriaient comme si on leur proposait une chose inouïe, comme si on leur demandait d'abdiquer leurs principes lorsqu'on les engageait à porter leurs suffrages sur des adversaires. » (3)

C'est, en effet, une des graves anomalies du

(1) *Mémorial de la Constituante de 1862*, p. 177.
(2) *Réforme du système électoral, 1865*, p. 20.
(3) Rapport du 29 janvier 1879, p. 6.

système des concessions. Mais son défaut capital, c'est de laisser toujours possible l'exclusion des minorités. M. Favon lui-même, malgré son zèle à défendre le maintien du *statu quo,* était forcé d'en convenir : « Il est bien certain qu'on n'arrive que très difficilement à une représentation équitable. » (1)

Le panachage y conduisait-il plus sûrement ? Tant qu'il est pratiqué par des électeurs isolés, sans entente préalable, qu'il reste individuel, le panachage est presque toujours impuissant. D'abord, son influence est incertaine ; nous l'avons vu plus haut. Ensuite, il est le fait d'une « aristocratie électorale de l'intelligence (2) », c'est-à-dire au fond du très petit nombre. M. Dubois-Miéville, dans son rapport du 18 mai 1891, estime qu'il est pratiqué par 1/20 à peine du corps électoral.

Lorsqu'il devient collectif, qu'il s'exerce avec entente par l'intervention d'un tiers parti et la présentation d'une liste préparée d'avance, le panachage n'est plus impuissant, mais il devient dangereux.

A Genève, où les deux grands partis s'équilibraient, la clef de la situation était aux mains d'un petit groupe disposant de quelques centaines de voix.

---

(1) Un fait caractéristique à cet égard est la démarche faite par les comités électoraux auprès du Grand Conseil à la suite des élections de 1878. Les présidents et vice-présidents, aussi bien radicaux que conservateurs, s'étaient mis d'accord pour recommander à la commission de se prononcer en faveur du vote limité (lettre du 15 janvier 1879). — C'était une déclaration catégorique d'impuissance.

(2) *Tribune de Genève*, n° du 15 novembre 1891.

Exemple : « En 1890, c'est le petit groupe radical-national, avec ses 800 électeurs, qui a fait le Grand Conseil. Par lui-même, il ne pouvait faire passer aucun candidat. Mais dans les deux collèges de la Ville de Genève et de la Rive droite, il lui suffisait de donner à tel ou tel candidat porté sur les listes principales l'appoint de ses suffrages pour lui assurer la majorité. Il le savait et combina son action en conséquence. Il s'arrangea donc pour que le Grand Conseil se composât de 51 démocrates et de 49 radicaux. Il lui eût suffi de voter pour un ou deux radicaux de plus et un ou deux démocrates de moins pour renverser la majorité (1). »

A un autre point de vue, le panachage collectif manifeste encore son influence perturbatrice. Le petit groupe, tout-puissant quant à l'attribution des sièges entre les deux grands partis qui se disputent le pouvoir, l'est aussi quant à l'élection de leurs candidats.

En 1890, le groupe radical-national présenta dans le collège de la Ville une liste composée exclusivement de noms empruntés aux deux partis et dont il avait écarté les cinq conseillers d'État démocrates et plusieurs chefs radicaux. Or, à l'exception d'un

(1) *Journal de Genève* du 23 novembre 1895.
Voici les chiffres :

	Ville de Genève	Rive gauche	Rive droite
Démocrates............	2.241	2.720	1.261
Radicaux-libéraux....	2.277	2.180	1.310
Radicaux-nationaux ..	230	365	200

seul, tous les chefs de partis non portés sur la liste radicale-nationale restèrent sur le carreau.

De pareils résultats dévoilent l'imperfection capitale du panachage collectif. Par une bizarre contradiction, il amène le système majoritaire à rendre une minorité toute puissante, à lui donner une action disproportionnée sur le fonctionnement des pouvoirs publics ; il remet presque la direction politique aux panacheurs en leur laissant la faculté de dire le dernier mot.

C'est pourquoi ceux qui recommandaient l'emploi du panachage étaient les premiers à en proclamer les inconvénients.

« Le panachage, écrivait *Le Réformiste* (1), n'est pas un bon instrument électoral... Il corrige incontestablement le mal provenant des listes compactes et exclusives, il nous rapproche de la véritable représentation, il est une étape de la réforme. Mais il n'a rien de rationnel, il s'exerce d'une manière aveugle, incertaine, capricieuse, il divague tantôt à droite, tantôt à gauche, et il ne peut fournir la véritable solution du problème électoral. »

Puisqu'il en est ainsi, puisqu'en somme les améliorations apportées au régime majoritaire n'assurent point d'une manière certaine et satisfaisante la représentation de la minorité, une conclusion s'impose : l'abandon du système.

Par quoi le remplacer ?

Plusieurs solutions furent proposées.

(1) N⁰⁰ du 4 novembre et du 16 décembre 1869.

*
* *

D'abord la multiplication des arrondissements Celle-ci, dans l'esprit de ses partisans, devait produire un double résultat.

1° La grande étendue des circonscriptions faisait perdre au parti vaincu un nombre fort élevé de représentants : le minimum dépassait 20 et la perte pouvait aller jusqu'à 44 (1). En augmentant le nombre des arrondissements, on diminuerait le chiffre des députés accordés à chacun d'eux et en même temps l'importance des pertes subies par les minorités.

2° Non seulement le système diminue les pertes du parti vaincu ; dans bien des cas il supprime son exclusion. En effet, minorité ici, un parti sera majorité là ; il s'établira ainsi une compensation entre les différents collèges ; en fin de compte, l'exclusion totale deviendra presque une impossibilité.

Ce sont là des avantages certains. Malheureusement le système encourt les deux critiques suivantes :

1° Des inconvénients du régime majoritaire, un seul est non point supprimé, mais simplement atténué ; l'exclusion des minorités, tout en restant possible, est rendue moins probable. Quant aux

---

(1) Les élections de 1880 ont donné les résultats suivants :

Ville de Genève.	radicaux	44 sièges	démocrates		0
Rive Gauche....	—	42 —		—	2
Rive Droite......	—	22 —		—	0

autres inconvénients, ils subsistent, la multiplication
des arrondissements électoraux n'entraînant aucune
dérogation au principe de la majorité.

2° La division des arrondissements est extrêmement difficile à établir. Chaque parti se demande
immédiatement quel sera le résultat politique des
divisions proposées, car il est un art de découper les·
circonscriptions de manière à s'assurer la majorité
dans le pays (1). On voit dès lors tous les soupçons
qui peuvent naître à l'égard du parti au pouvoir et
toutes les récriminations qui peuvent s'élever dans
les rangs de l'opposition. On voit aussi l'abus que le
gouvernement peut faire de sa situation pour favoriser telle opinion au détriment d'une autre.

Autant de motifs pour repousser le système. —
C'est ce que fit le peuple genevois, le 10 juillet 1870,
en rejetant la substitution de cinq arrondissements
aux trois anciennes circonscriptions, qui venait
d'être adoptée par le Grand Conseil.

*
* *

Restait le vote limité qui parait avoir joui à Genève
d'une assez grande popularité.

Le but du système est d'obtenir une assemblée
dans laquelle le parti dominant possède une majorité
assurée, mais où l'opposition ait des représentants.

(1) C'est ce qu'on appelle en français la géographie électorale, en
allemand la wahlkreisgeometrie, en anglais la gerrymandering,

Pour cela, il suffit de décider que les électeurs porteront sur leurs bulletins un nombre de candidats moindre que celui des députés à élire : tantôt les deux tiers (1), tantôt les trois quarts (2).

Le vote limité présente des avantages manifestes.

Avec lui, on ne verrait plus ces conseils qui ne représentent qu'un seul parti dont ils constatent le triomphe et préparent la chute — les comités électoraux n'auraient plus à accomplir la tache ingrate et ridicule de choisir les représentants de leurs adversaires — les électeurs ne seraient plus forcés de voter à contre-cœur pour des candidats qui leur déplaisent — les bulletins porteraient un moins grand nombre de noms et permettraient un exercice plus éclairé du droit de vote — enfin, on ne verrait plus de députés siégeant dans le Conseil par la grâce de leurs adversaires et se trouvant ainsi dans une position qui n'est pas exempte d'inconvénients.

L'adoption du vote limité aurait donc de sérieux avantages. Mais voici le revers de la médaille (3).

La part légalement faite à la majorité et à la minorité est arbitraire.

Pourquoi accorder le tiers de la représentation à une minorité, si en fait elle ne comprend que le

<hr>

(1) Proposition de M. MARTIN (8 juin 1870).
— — de M. FAZY (29 juin 1892).
(2) Proposition du docteur MAYOR (1862).
— — de M. ODIER (12 mars 1879).
— — de M. FALLETTI (28 janvier 1882).
(3) Pour les inconvénients du vote limité, se reporter à l'introduction (*Notions générales sur la représentation des minorités*).

sixième ou le septième du corps électoral ? et pourquoi un quart si elle en comprend la moitié ? Sans
doute, la proportion peut, au moment où elle est
fixée par la loi, correspondre à la réalité des faits ;
mais ce qui est vrai aujourd'hui ne le sera plus
demain, la force des partis subit de continuelles
variations et le rapport entre eux risque de n'être
pas dans bien des cas celui qu'a déterminé le législateur.

D'un autre côté, les résultats du scrutin peuvent
être singulièrement modifiés par la tactique électorale : tantôt, ce sera l'écrasement de la minorité
par une majorité disciplinée ; tantôt, en sens inverse
ce sera la représentation excessive de la minorité en
présence d'une majorité indisciplinée.

Enfin, le vote limité ne permet la représentation
que d'une seule minorité, celle qui vient immédiatement après la majorité ; les autres opinions, quelle
que soit leur importance, n'ont aucune représentation. Il laisse subsister un inconvénient grave du
système majoritaire : la constitution exclusive de
deux partis avec son cortège nécessaire de coalitions
et de compromis.

Le *Journal de Genève* trouve que ce n'est pas un
grand inconvénient, au contraire, « peut-être cela
même est-il un avantage, en ce sens que la nécessité
des compromis rend les partis moins raides et
moins intraitables. Peut-être aussi est-il bon que
dans un pays il ne se forme pas trop facilement des
partis qui aspirent à conduire les affaires publiques

sans en accepter la responsabilité, c'est-à-dire sans prétendre à devenir à leur tour un parti de gouvernement ». (1)

C'est possible ; en tous cas, le maintien par le vote limité de deux partis exclusifs laisse les électeurs dans la même dépendance que le système majoritaire. Le vote des citoyens décidera quelle liste obtiendra la grosse part, mais quant au choix des candidats deux comités resteront les seuls électeurs véritables.

En résumé, des inconvénients du régime majoritaire, le vote limité ne supprime guère que l'exclusion totale de la minorité. Il n'apparaît au fond que comme la reconnaissance légale et officielle de l'état de fait créé par les mœurs et l'opinion.

C'est pour cela que les partisans du *statu quo* déclaraient pouvoir s'y rallier. C'est pour cela aussi qu'à un moment donné il fut recommandé par les réformistes.

Ce qu'il y a de plus curieux, c'est que, ce faisant, les uns comme les autres prétendaient rester dans les limites de la plus rigoureuse logique. D'un côté, on donnait le vote limité comme une consécration du principe majoritaire. De l'autre, on le considérait comme un accroc au système de la majorité.

Les deux thèses peuvent se soutenir. *Le Genevois* disait avec juste raison, dans son numéro du 22 juillet 1892 : « Loin de ruiner l'influence de la

______

(1) Numéro du 5 janvier 1879.

majorité, il a pour but de la consolider en la modérant ; c'est le balancier qui la gêne, mais qui fait sa sûreté. Les deux grands partis restent en présence. »

Mais, s'empressait-il d'ajouter, « les proportionnalistes se garderont bien de dire que le vote limité est une consécration du principe majoritaire ; voici comment ils raisonnent : vous venez de consacrer le droit de la minorité à être représentée ; mais il y a plusieurs minorités ; pourquoi n'en favorisez-vous qu'une ? admettez-en au moins deux, trois, quatre ! Et voilà comment, par un détour, on redescend tout doucement jusqu'au quotient électoral », jusqu'à la représentation proportionnelle, qui, à en croire les réformistes, devait faire disparaitre tous les inconvénients du régime majoritaire.

Il est temps maintenant de le voir d'un peu près.

III

LA REPRÉSENTATION PROPORTIONNELLE

Le défaut capital du principe de la majorité est d'exclure de la représentation tous les partis qui ne sont point assez forts pour obtenir la moitié au moins des suffrages électoraux ; l'exclusion des minorités est la cause des multiples inconvénients que produit le système.

A ce vice originel, le principe de la proportionnalité apporte un remède absolu, puisqu'il admet à la représentation tous les groupes atteignant le quotient électoral. Si 15.000 électeurs ont droit à 100 représentants, 150 électeurs ont droit à 1 député, 300 à 2, et ainsi de suite. On ne se contente plus, comme dans les systèmes précédents, de reconnaître l'utilité de représenter l'opposition dans les assemblées législatives ; on proclame le droit des minorités à être représentées, comme une conséquence nécessaire de la démocratie représentative.

La souveraineté du peuple, dit-on, exige, pour ne pas être un vain mot, 1° la participation de tous les citoyens à la gestion des affaires publiques. C'est le seul moyen d'obtenir l'égalité, base essentielle des constitutions démocratiques ; 2° la soumission de tous aux décisions de la majorité, l'idéal serait l'accord unanime, mais il sera presque toujours impossible, et la loi de la majorité s'impose comme une nécessité sociale, comme le remède à l'anarchie.

La forme de gouvernement la plus adéquate à ces principes est, sans contredit, celle de la démocratie directe : tous les citoyens se réunissent en assemblée générale, et l'avis du plus grand nombre à force de loi. C'est le système des *Landsgemeinden* pratiqué dans quelques cantons suisses (1).

Mais la démocratie directe n'est possible que dans des circonstances exceptionnelles. Il faut d'abord

---

(1) Alphonse DUNANT. — *La législation par le peuple en Suisse*, Genève, 1894.

que le peuple soit assez peu nombreux pour pouvoir se réunir dans une même assemblée. Il faut ensuite que la vie politique ne soulève qu'un petit nombre de questions simples, n'exigeant ni réunions fréquentes, ni discussions prolongées.

En dehors de ces conditions toutes particulières, force est bien de substituer à l'assemblée générale des citoyens une assemblée plus restreinte qui émanera d'elle et en tirera ses pouvoirs. Le gouvernement représentatif s'impose comme un expédient pratique et nécessaire, remplaçant la forme théoriquement plus rationnelle de la démocratie directe.

La question qui se pose alors est de rechercher par quel moyen on peut obtenir dans le gouvernement représentatif la réalisation des deux caractères de la souveraineté populaire qui se dégagent d'eux-mêmes dans le gouvernement direct.

Il faut ici : 1° que tous les citoyens participent aux affaires publiques par l'intermédiaire de leurs représentants ; 2° que tous les citoyens n'obéissent, cependant, qu'à l'avis du plus grand nombre, et que, pour cela, la majorité du parlement corresponde à la majorité du corps électoral.

Or, la représentation proportionnelle seule permet d'obtenir ce double résultat.

En effet, si on attribue tous les sièges au parti qui est en majorité, les citoyens composant les minorités se trouvent privés de représentants et par là même exclus de toute participation aux affaires publiques. Il n'y a plus d'égalité entre les électeurs.

Il ne suffit pas, pour qu'il y ait égalité, de proclamer le suffrage universel, d'accorder le droit de vote à tous les citoyens ; il faut encore donner à leur suffrage une efficacité réelle. Comme on l'a très justement fait remarquer « l'électeur qui vote n'a pas pour but de déposer un bulletin dans l'urne ; le but, c'est d'être représenté ; le vote n'est qu'un moyen. Si donc on attribue tous les sièges au parti en majorité, les électeurs des autres partis ne seront pas représentés et leur droit sera violé. Il faut par conséquent donner à chaque électeur une part égale de représentation ou, en d'autres termes, donner à chaque parti une part de représentation proportionnelle à son importance numérique (1). »

Au reste, c'est le seul moyen d'atteindre le but même du gouvernement représentatif, qui est de rendre l'image réduite de la nation souveraine.

Dans le gouvernement direct, les citoyens exercent leurs droits politiques d'une façon immédiate et individuelle. Dans le système représentatif, il y a délégation de pouvoirs ; les citoyens n'exercent plus leur droit que d'une façon médiate et collective : médiate, puisque le député décide pour le compte de ses électeurs ; collective, puisqu'il faut la réunion d'un certain nombre d'électeurs pour obtenir un vote dans le Parlement.

Cette nature collective de l'action d'élire entraîne précisément le caractère proportionnel de la repré-

____

(1) BESSON, op. cit., p. 31.

sentation. Le nombre des suffrages électoraux requis pour obtenir un droit de vote dans le Parlement n'est pas fixé à l'arbitraire ; il résulte du rapport entre le nombre des électeurs et celui des représentants ; autrement dit, le quotient électoral est l'unité de mesure. Donc tout groupe d'électeurs égal au quotient a droit à un représentant ; tout parti politique a droit à autant de députés qu'il renferme de groupes égaux au quotient.

Seules, les minorités trop faibles pour arriver jusque là sont exclues, mais par une conséquence nécessaire de la nature des choses. A Genève, le quotient étant d'environ 140 voix, il est évident que 139 électeurs ne pourront obtenir de députés. Demander pourquoi, c'est demander pourquoi dix unités forment une dizaine, et non pas neuf. Celà résulte du caractère collectif de l'action d'élire : puisque chaque citoyen ne peut avoir son représentant, puisqu'il faut un nombre d'électeurs égal au quotient pour obtenir un vote dans le Grand Conseil, il est évident que tout groupe inférieur au chiffre fixé doit être écarté de la répartition (1), celle-ci ne pouvant porter sur des fractions de candidats. — L'exclusion, d'ailleurs, n'atteindra que des minorités tout à fait infimes, car le quotient électoral est très peu élevé.

---

(1) S'il doit en être ainsi logiquement, nous verrons qu'en pratique on n'a même pas exigé le quotient comme minimum (Voir, à propos de la répartition, les débats relatifs au cas de M. Vogt).

Avec le vice originel du système majoritaire disparaissent les inconvénients qui en découlent.

D'abord, tous les partis peuvent se constituer d'une manière indépendante. Chacun étant assuré d'obtenir une représentation en rapport avec sa force numérique, plus besoin de recourir aux marchandages et aux coalitions. Avec la représentation proportionnelle, un groupe peut avoir sa politique propre ; il n'est plus contraint d'être le satellite d'un grand parti quelconque.

En fait, dès que la réforme fut votée, nous voyons le parti ouvrier et le groupe catholique se présenter aux électeurs avec leur programme, leur liste et leurs candidats personnels. La constitution exclusive de deux grands partis entrait dans le domaine du passé.

D'un autre côté, la formation d'un parti social, indépendant et modéré, devenait chose possible et normale.

Sans doute, elle avait fini par s'introduire sous le système majoritaire : l'apparition des radicaux-nationaux en 1890 en est une preuve. Mais nous avons vu aussi quel grave danger elle était susceptible d'engendrer : l'équilibre entre les forces des deux grandes opinions politiques genevoises donnant à un groupe minuscule le pouvoir de régler à son gré l'importance et la composition des partis en présence.

Avec la représentation proportionnelle, les indépendants et les modérés constitueront un groupe

autonome sans chercher à nuire en quoi que ce soit
aux partis plus importants qui se disputent le pouvoir.
Le groupe national, qui apparaît aux élections de
1895, constitue ce parti social ; il s'affirme avec ses
idées propres, présente ses candidats exclusifs,
mais ne recherche en aucune façon à intervenir entre
les grands partis qui luttent pour l'obtention de la
majorité.

La représentation proportionnelle, qui favorise
ainsi la libre formation des groupes, augmente par
là même la liberté des électeurs. Ceux-ci ne seront
plus forcés de voter par esprit de discipline pour
des candidats non connus ou non voulus d'eux ; ils
ne seront plus obligés de s'abstenir ou de panacher
pour respecter le sentiment de leur dignité personnelle
et l'exercice consciencieux de leur devoir.

Les comités électoraux eux-mêmes bénéficieront
de la représentation proportionnelle, car elle simplifie
le rôle souvent très difficile et toujours très délicat
que leur donne le système majoritaire. Ils n'auront
plus à se demander quelle part ils doivent faire sur
leur liste à l'opinion opposée, quels candidats ils
doivent choisir parmi leurs adversaires ; le système
des concessions perd sa raison d'être ; les comités
n'ont plus qu'à présenter aux électeurs d'un parti les
noms des candidats de ce parti, ils se borneront en
somme à leur mission légitime.

De même, avec la représentation proportionnelle,
puisque tous les partis obtiennent un nombre de
représentants en rapport avec leur importance, la

lutte pour la vie n'a plus à préoccuper les adversaires aux prises. Pour eux, il s'agira désormais non pas d'être tout ou rien, mais d'être plus ou moins.

Dans ces conditions, la violence, la fraude, la corruption perdent beaucoup de leur importance. Tout ce qu'on pourra obtenir d'elles, c'est un ou deux sièges au maximum ; avec le système majoritaire, ce pouvait être la totalité de la représentation, soit dans un seul collège, soit même dans tout le canton.

Comme le remarquait M. Naville, « un article de loi n'éteindra pas le foyer naturel de nos divisions, mais une bonne loi supprimera les excitations factices que produit une loi mauvaise. Le système actuel n'allume pas le feu de la discorde, mais c'est un soufflet de forge qui l'avive incessemment. Arrêtez le soufflet, vous verrez l'incandescence diminuer aussitôt. » (1)

La lutte subsistera donc, même avec la représentation proportionnelle. Seulement, l'ardeur malsaine du combat se transformera en une émulation légitime. Les partis chercheront non plus à écraser l'adversaire, mais simplement à augmenter leur influence, à acquérir la prépondérance dans la direction des affaires publiques. La lutte alors devient un bien, elle est la condition essentielle du progrès.

Au point de vue politique, la représentation proportionnelle exerce aussi une influence bienfaisante sur l'action des pouvoirs publics.

____

(1) *La Patrie et les partis*, p. 26.

Puisque toutes les opinions sont représentées avec une exactitude mathématique, plus de désaccord possible entre le pays légal et le pays vrai ; le pouvoir de décision ne risque plus de passer aux mains d'une minorité ; l'idéal de la démocratie représentative est accompli dans toute son acception.

Plus de servitude politique, plus de minorités opprimées, plus de citoyens privés de participation aux affaires publiques. Tous les électeurs ont conscience d'être représentés dans l'assemblée, non d'une manière dérisoire et absurde par les représentants de la majorité, mais par leurs propres députés en qui ils ont mis leur confiance et qui sauront les défendre contre les entreprises téméraires ou les menées tyranniques de leurs adversaires.

Plus d'instabilité gouvernementale ; ou, du moins, concordance entre les mouvements de l'opinion et la composition de l'assemblée. Plus de Grands Conseils homogènes penchant à droite pendant une législature, versant à gauche durant la législature suivante. Plus de balance folle, de secousses violentes et de revirements brusques ; mais proportion entre les variations politiques du Grand Conseil et les variations concordantes de l'opinion publique.

Enfin, la représentation proportionnelle sera un instrument de relèvement politique, parce qu'elle accordera aux minorités intelligentes et éclairées le moyen de n'être plus écrasées par les majorités numériques, d'avoir leur représentation propre, de faire entrer en scène les hommes vraiment supérieurs, de rehausser par leur présence le niveau des assemblées parlementaires qui sont tombées si bas dans la plupart des États démocratiques.

La représentation proportionnelle apparaît à la fois comme un correctif du suffrage universel et un remède à la décadence indéniable des législatures ; pour beaucoup, ce serait même là son principal mérite.

IV

LES OBJECTIONS
A LA REPRÉSENTATION PROPORTIONNELLE

§ 1er. — Objections générales a la représentation légale des minorités

D'une manière générale, on s'opposait à toute intervention du législateur en faveur des minorités pour la raison suivante : En admettant, disait-on, que les améliorations apportées au système majoritaire soient encore trop souvent des remèdes inefficaces, elles sont complétées par deux garanties que la Constitution genevoise assure aux électeurs vaincus : la fréquence des élections et la mise en œuvre du *referendum* ; elles rendent inutile un bouleversement profond de l'organisation électorale.

Voyons ce qu'il en est :

En premier lieu, la fréquence des élections.

D'après la Constitution de 1847, le Grand Conseil devait se renouveler intégralement tous les deux ans (1). Par suite, l'exclusion d'un parti ne pouvait se produire que pour un temps fort limité.

Il est évident qu'il y avait là une atténuation aux inconvénients du système majoritaire ; c'était, si l'on veut, une fiche de consolation donnée au vaincu de pouvoir crier au vainqueur : *hodie tibi, cras mihi.* Les trois élections de 1876, 1878 et 1880 sont significatives à cet égard.

Mais, pour que cela puisse constituer un obstacle suffisant à l'intervention législative en faveur des minorités, il aurait fallu que l'alternance des deux grands partis se produisit d'une façon en quelque sorte automatique, qu'elle fût en concordance avec l'opinion réelle du pays, qu'elle ne donnât pas la majorité des sièges à la minorité des électeurs ; bref, qu'elle fût un instrument de précision et non un système d'équivalents ou d'à peu près comme elle l'était.

Tout ce qu'on peut dire, c'est que la fréquence des élections rendait le régime majoritaire plus supportable, sans corriger un seul de ses défauts.

A ce point de vue, elle était inférieure au *referen-*

---

(1) La loi du 5 juillet 1891 est venue prolonger la durée des pouvoirs du Grand Conseil en la portant de deux à trois années. Par là même elle garantissait moins efficacement les droits des électeurs exclus. Mais elle n'a pas eu à s'appliquer avec le système majoritaire, puisque les premières élections faites pour 3 ans, celles de 1892, ont été en même temps la première application du principe de la proportionnalité.

dum. Celui-ci permet à la majorité des citoyens de repousser les lois votées par une assemblée ne représentant que la minorité des électeurs. Cependant, il apparaît aussi comme un correctif insuffisant du système majoritaire.

D'abord il ne s'applique pas à toutes lois. D'après la Constitution genevoise, il n'est obligatoire que pour les lois constitutionnelles. Pour les lois ordinaires, il est simplement facultatif, il ne peut s'exercer que si 3.500 électeurs au moins le demandent : c'est une lourde machine qu'on mettra en mouvement dans les cas graves, mais qui laissera échapper la grande masse des lois à l'épreuve de la ratification populaire ; de fait, il n'a été demandé que deux fois à Genève (depuis 1879 ; date de son introduction).

Première insuffisance. Il en existe une seconde. Le *referendum* ne dégage pas nettement la volonté du corps électoral.

D'une part, le nombre considérable des abstentions ne permet pas de lui attribuer en pratique la valeur qu'il présente en théorie : au lieu de donner l'avis du peuple entier, il ne reproduit souvent que celui d'une partie de la population (1).

---

(1) 44 % en moyenne, d'après M. Deploige. (*Revue générale*, mars 1893). La loi sur la représentation proportionnelle a été adoptée (7 août 1892) par 3.793 oui, sur 6.286 votants et 18.596 inscrits.

Autre exemple non moins typique et plus récent : Votation du 10 décembre 1899 sur l'augmentation du traitement des conseillers d'État. Électeurs inscrits : 23.358. Votants : 6.294. Acceptants : 2.804 Refusants : 3.271.

D'autre part, en admettant même que le très grand nombre des citoyens participe au scrutin, il arrivera souvent que leur droit de contrôle sera une prérogative illusoire. S'il s'agissait toujours de lois claires, précises, concernant une question unique, leur droit ne serait pas un vain mot. Mais quand il s'agit de voter en bloc sur une loi renfermant des éléments très distincts, par exemple sur une Constitution de 158 articles, comme celle de 1847, il y a beaucoup de chances pour que la volonté populaire soit faussée ; il se peut qu'à côté d'une réforme qu'il voudrait repousser, le peuple trouve une institution qu'il désire beaucoup, et alors il se verra forcé d'admettre la loi dans son ensemble.

Ce n'est pas tout. A supposer que le *referendum* s'applique à toutes les lois et dégage sûrement la volonté nationale, il n'enlèverait point pour cela toute utilité à la représentation légale des minorités. « En soi, le *referendum* n'est qu'une machine à dire oui ou non sur une loi toute faite. Il importe qu'au Parlement déjà, où l'on discute les lois, toutes les opinions puissent se faire jour et trouver leur expression (1). »

Comme l'écrivait M. Naville (2) : « Dire que le

(1) Discours de M. Pedrazzini au Conseil National (d'après la *Züricher Post* du 21 juin 1884).

(2) Voir deux articles de M. Numa Droz, dans la *Bibliothèque universelle* (décembre 1882, janvier 1885) et la réponse de M. Naville dans la *Suisse libérale de Neuchâtel*, 13 décembre 1882 et 3 janvier 1885, dans la revue belge la *Représentation proportionnelle*, n° d'avril 1887, et dans le *Bulletin de la Société suisse pour la représentation proportionnelle*, n° 5, août 1888.

referendum rend la réforme électorale moins nécessaire et moins urgente, puisqu'on peut en appeler au
peuple des décisions des conseils, c'est un raison-
nement semblable à celui-ci : Nous avons des
médecins et des pharmaciens, l'hygiène qui pourrait prévenir les maladies perd ainsi beaucoup de
son importance. »

En résumé, les deux objections faites à la représentation légale des minorités ne semblent pas suffi-
santes pour motiver le rejet de celle-ci.

Quant à la représentation proportionnelle, outre
ces objections générales, on lui en a fait d'autres qui
lui sont spéciales et qui méritent un examen attentif.
On l'a attaquée à la fois dans son fondement et dans
ses résultats.

§ 2° OBJECTIONS SPÉCIALES A LA REPRÉSENTATION PROPORTIONNELLE DANS SON FONDEMENT

La représentation proportionnelle, dit-on, est basée
une conception inexacte de la démocratie représentative.

Dans la pensée des réformistes, le gouvernement
représentatif aurait pour but unique la reproduction
fidèle, la photographie pour ainsi dire, du corps
électoral, en un mot, il devrait tendre à se rapprocher
le plus possible du gouvernement direct, considéré
à bon droit comme la forme idéale de la démocratie.

Cette conception leur paraît indiscutable. « La justice du principe de la représentation proportionnelle ne peut pas être contestée, écrivait M. Berthoud au *Journal de Genève* (1). Personne en Suisse n'oserait prétendre qu'une assemblée représentative ne doit pas être l'image aussi exacte que possible du corps électoral qu'elle représente. »

La thèse cependant fut contestée. « On veut, disait M. Favon au Grand Conseil de Genève (2), nous doter d'une représentation calquée sur la nation, on veut que cette représentation soit la réduction mathématique, un graphique pur et simple de la courbe des opinions ; mais on oublie que la démocratie représentative est avant tout une forme de gouvernement. Le suffrage universel n'a pas pour fonction de donner satisfaction à nous ne savons quel rêve d'équilibre absolu, quel idéal de photographe ; son but est de fournir à la communauté un gouvernement qui soit dans sa main et gère ses intérêts comme elle l'entend. » Or, pour atteindre ce but, il suffit de proclamer que « la démocratie, c'est le gouvernement de la majorité (3) ».

A ces critiques, les réformistes répondent par une distinction. Si, disent-ils, on veut soutenir qu'en fin de compte le pouvoir revient forcément à la majorité de la nation et que tous doivent lui obéir, il est

(1) Numéro du 27 juillet 1892.
(2) *Mémorial*, 1890-1891, annexe, p. 253.
(3) *Mémorial*, 1890-1891, tome II, p. 96.

évident qu'on se conforme aux principes de la démocratie. Mais de cette conclusion à cette autre, que la
majorité doit obtenir tous les représentants, il y a
un abîme. Que la majorité gouverne, d'accord ;
mais la majorité n'est pas le pays tout entier, et si
elle doit, en dernière analyse, posséder le pouvoir,
ce n'est pas à dire que la minorité doive être systématiquement écartée des affaires publiques. Il faut
distinguer avec soin deux choses essentiellement
différentes ; le pouvoir de décision qui revient fatalement à la majorité, et le droit de contrôle ou de
surveillance, autrement dit le droit à une représentation, qui appartient également à tous les partis.

La distinction n'est point nouvelle. Victor Considérant l'avait déjà faite en 1846, et M. Naville l'a bien
souvent répétée après lui : La majorité est le
principe des décisions, la proportionnalité est le
principe de la représentation.

Sans doute, on dit bien que dans le gouvernement
direct la majorité seule décide et qu'il doit en être de
même dans le gouvernement représentatif. Mais
pour cela il faut que l'assemblée représente exactement la majorité de la nation. Or, avec le système
majoritaire, elle ne la représente qu'en apparence.

La raison en est facile à saisir. Le principe
majoritaire assure non point la représentation de la
majorité des électeurs, mais, ce qui est fort différent
malgré l'analogie des termes, la représentation du
parti qui obtient la majorité des suffrages. Dans ces
conditions, l'assemblée correspond souvent à une
majorité factice et à une minorité réelle.

En somme, par la confusion qu'ils commettent entre les deux droits distincts de décision et de représentation, les partisans du système majoritaire faussent dans l'application une idée vraie dans le principe, à savoir que le pouvoir revient finalement au plus grand nombre, que la démocratie est le gouvernement de la majorité.

Mais ils l'entendent aussi dans un autre sens : A leurs yeux, « il est faux de croire que le rôle du suffrage universel soit de faire du corps législatif la représentation exacte des diverses nuances d'opinions qui se divisent le pays... Le suffrage universel dans une démocratie est fait pour mettre à la tête du pays un corps qui le dirige dans un sens connu, sous sa responsabilité et sous le contrôle d'une majorité d'électeurs qui l'a nommé. » (1).

Ici, la conception autoritaire se dégage nettement ; ce que l'on veut, c'est un parti au pouvoir dirigeant le peuple au lieu de se laisser diriger par lui. Ce n'est plus la vraie, c'est la fausse démocratie, c'est le régime de l'oligarchie et de la démagogie.

Louis Blanc critique sévèrement cette conception du gouvernement démocratique, et les proportionnalistes genevois ne sont pas fait faute de rapporter ses paroles pour le triomphe de leur cause. « J'admire ceux qui définissent le règne absolu de la majorité : *gouvernement du peuple par lui-même*, et qui, cela fait, se croient de grands démocrates.

(1) Discours de M. Favon au Grand Conseil (*Mémorial* 1895-1896, tome I, p. 176).

J'affirme, moi, au nom de l'évidence, que c'est là tout simplement le *gouvernement du plus petit nombre par le plus grand nombre.* Or, que le plus grand nombre l'emporte sur le plus petit, soit; mais le plus petit nombre doit-il être compté pour rien, absolûment pour rien? Il est des cas où la majorité n'est que la minorité plus un et la minorité la majorité moins un; prétendra-t-on qu'il suffit d'une voix de différence pour faire que l'une des deux fractions soit le peuple et que l'autre soit le néant? De ce qu'il est juste que la majorité fasse pencher la balance, faut-il conclure que dans l'un des plateaux la minorité ne doit point peser de tout son poids? Partout où la voix des minorités est étouffée, que dis-je? partout où elles n'ont pas leur influence *proportionnelle* sur la direction des affaires publiques, le gouvernement n'est qu'un gouvernement de privilèges au profit du plus grand nombre. » (1)

En définitive, la représentation proportionnelle apparaît comme une conséquence logique de la démocratie représentative (2). — Là où la nation est seule souveraine, toutes les fractions du peuple doivent être représentées dans la mesure du pos-

(1) Dossier de l'Association réformiste, pièce n° 10. — Publiée par M. Naville dans son rapport de 1867, p. 19.

(2) Dans la conception classique du système représentatif suivant le type anglais, elle apparaît au contraire, comme « une nouveauté fort contestable, une véritable erreur de la science politique. » (Esmein. — *Eléments de droit constitutionnel,* 1896, p. 664-665).

Sur toute cette question, voir le remarquable ouvrage de M. Saripolos.

sible. — Pour ceux qui admettent la théorie de la souveraineté individuelle, c'est le seul moyen de permettre à tous les citoyens-électeurs de participer à la gestion des affaires publiques, d'exercer leur droit par l'intermédiaire de représentants élus (1). — Pour ceux qui admettent la théorie de la souveraineté collective, appartenant à la nation unité vivante et historique, la représentation proportionnelle est aussi parfaitement légitime, elle permet seule de dégager avec certitude la volonté nationale (2).

§ 3ᵉ. — Objections spéciales a la représentation proportionnelle quant a ses résultats

Émiettement des partis, absence d'une majorité de gouvernement, prédominance des intérêts particuliers sur l'intérêt général, développement du mandat impératif, tels sont les griefs principaux invoqués contre la réforme.

$$* \atop {* \quad *}$$

D'abord, dit-on, le but de la proportionnalité est de permettre la représentation de tout groupe d'électeurs qui atteint le quotient électoral. Or cela

(1) En ce sens, Besson, *op, cit.*, p. 25 et suiv.

(2) En ce sens, Saleilles (*Revue du droit public et de la science politique*, tome IX, 1898, p. 385 et suiv).

engendre deux conséquences dangereuses : on aura des groupes trop petits et des groupes trop nombreux, ce qui est contraire aux intérêts de la chose publique.

Les groupes, d'abord, seront trop petits. Puisqu'il y a de 13.000 à 14.000 votants (1) pour 100 députés à élire, le quotient sera d'environ 140.

Par le fait que des groupes pour ainsi dire dérisoires peuvent obtenir une part dans la représentation nationale, on va voir les grands partis se diviser, le corps électoral s'émietter en une infinité de petits groupes minuscules. Le Grand Conseil va devenir « un vrai kaléidoscope ». (2)

Les partisans de la représentation proportionnelle répondaient qu'une division excessive du corps électoral n'était pas à redouter — pour cette excellente raison que les différents groupes existaient déjà ; que ce n'était pas la représentation proportionnelle qui les avait créés, mais bien la diversité des intérêts.

« Au lieu d'avoir seulement deux grands partis absorbant le corps électoral tout entier, disait M. Frey dans son rapport du 18 mai 1891, nous aurons la représentation directe et distincte des cinq

---

(1) Elections de 1890.......... 12.924 votants
     »   1892.......... 13.330   »
     »   1895.......... 13.833   »
     »   1898.......... 14.911   »

(2) Discours de M. Favon à l'assemblée anti-proportionnaliste du 22 juillet 1892 (d'après *Le Genevois* du 25).

ou six groupes divers dont ils sont eux-mêmes composés. » (1)

Ces prévisions ont été confirmées par les faits, au moins dans les deux premières élections. En 1892, cinq partis seuls furent en présence : démocrates, catholiques, radicaux-libéraux, radicaux-nationaux, ouvriers-socialistes.

Aux élections de 1895, même situation, sauf que les radicaux-nationaux sont remplacés par le groupe national.

En 1898, nous trouvons, à côté des cinq partis précédents, deux autres, chacun avec un seul candidat : la liste des libertins et le groupe de l'alimentation. Ce dernier ne paraît pas avoir été sérieux, puisqu'il n'a recueilli en tout et pour tout que 3 voix. La liste des libertins, au contraire, fit élire son unique représentant dans les deux circonscriptions où il s'était porté.

La politique genevoise semble donc vouloir s'orienter dans la voie de l'émiettement prédit par les adversaires de la représentation proportionnelle.

Ce danger avait été, de tout temps, une grosse préoccupation pour les réformistes ; comme palliatif, ils proposèrent l'introduction d'un quorum spécial. Si on trouve le quotient trop faible pour être adopté sans restrictions comme mètre électoral, il faut exiger, pour être admis à la répartition, un minimum

(1) *Mémorial 1890-91*, annexe, p. 232.

de suffrages plus élevé, par exemple le dixième ou le quinzième des bulletins valables.

Au point de vue logique, le quorum est sûrement inadmissible ; il constitue une dérogation très grave au principe de la proportionnalité : dès qu'un groupe a atteint le quotient, il a droit à un représentant ; si on exige un nombre de suffrages supérieur au quotient, on détruit toute exactitude dans la répartition.

L'expérience du 13 décembre 1891 avait mis en vive lumière cet inconvénient du quorum. Aussi le législateur de 1892 l'a-t-il formellement repoussé pour se rallier au principe de la proportionnalité pure.

Cependant, au point de vue pratique, le quorum est le seul moyen d'empêcher l'émiettement excessif des partis. Celui-ci était redouté, beaucoup de certains, un peu de tout le monde. Jusqu'à présent, il ne paraît pas s'être réalisé, au moins dans la mesure prédite par les adversaires de la réforme.

Cependant, les listes dérisoires parues aux élections de 1898 ont motivé en 1899 la proposition de certaines mesures restrictives, actuellement soumises à l'examen d'une Commission (1).

A ce propos, M. Ador recommanda l'adoption d'un quorum, qu'on rendrait, semble-t-il, facilement acceptable en le fixant au chiffre peu élevé de 5 %.

Le législateur genevois l'adoptera peut-être, pour éviter le morcellement indéfini des groupes.

(1) Proposition de M. Rutty (1er février 1899). Nous en examinerons dans la suite les diverses dispositions.

*
* *

Cette crainte de l'émiettement tient surtout à ce qu'il rend difficile sinon impossible la constitution d'une majorité de gouvernement.

Les adversaires de la représentation proportionnelle en avaient fait une grosse objection contre le nouveau système et les événements semblent leur avoir donné raison, au moins en partie.

En 1892, les élections fournissent une droite composée de 48 députés (33 démocrates et 15 catholiques) et une gauche qui en comptait 52 (38 radicaux-libéraux, 8 ouvriers-socialistes, 6 radicaux-nationaux). La majorité n'était que de 4 voix, d'autant moins stable que les radicaux-nationaux étaient sur plusieurs points en dissidence avec le gros du parti radical.

En 1895, les partis de droite obtiennent 44 sièges (30 démocrates et 14 catholiques), ceux de gauche 47 (40 radicaux et 7 ouvriers-socialistes). Entre ces deux concentrations de groupes se trouve un tiers parti, le groupe national, qui, avec ses neuf membres, devient l'arbitre de la situation.

L'occasion était belle pour attaquer la représentation proportionnelle et on n'y manqua pas. Le système, disait-on, nous a donné un Grand Conseil sans majorité.

Autant reprocher au baromètre le temps qu'il fait.

Le baromètre ne fait pas le temps, il l'indique ; pareillement, la représentation proportionnelle marque et reflète la situation du corps électoral, elle ne la crée pas.

L'anomalie tient à l'état politique du canton de Genève « divisé en deux camps de force à peu près égale, entre lesquels un petit nombre de citoyens non classés peuvent faire pencher la balance. Ni à Neuchâtel, ni au Tessin, ni à Zoug, l'application du système n'a produit des effets analogues, parce que dans chacun de ces cantons il y a un parti qui compte dans ses rangs plus de la moitié des électeurs. On peut regretter qu'il n'en soit pas de même à Genève. Mais c'est un fait ; et du moment qu'il n'y a pas dans le peuple une majorité accentuée dans un sens ou dans l'autre, il ne saurait y en avoir une au Grand Conseil, sans qu'il cessât, par cela même d'être la représentation du pays (1) ».

L'absence de majorité n'est donc pas imputable au système proportionnel ; elle n'est point engendrée par lui. La preuve, c'est qu'il dégage parfaitement la majorité quand elle existe dans le corps électoral.

Ainsi, les élections de 1898 ont donné une gauche forte de 52 membres (45 radicaux et 7 socialistes), contre une droite de 42 représentants (28 démocrates et 14 catholiques). Restent deux groupes : les nationaux (5 sièges) et les libertins (1 siège). Dans aucun cas, la majorité ne peut dépendre d'eux ; elle

(1) *Journal de Genève* du 23 novembre 1895.

semble fermement établie en faveur des partis de gauche.

Du reste, l'objection serait très grave si nous nous trouvions dans un pays pratiquant le régime parlementaire : l'inexistence d'une majorité stable et solide est un obstacle absolu au fonctionnement du système. Mais à Genève, rien de semblable. Sans doute, le Grand Conseil peut et doit contrôler l'action du Conseil d'État ; seulement, comme sanction à ce droit de contrôle du pouvoir législatif, il n'y a pas une responsabilité du pouvoir exécutif susceptible d'entraîner sa chûte.

Dans ces conditions, on peut se demander en quoi est nécessaire cette majorité de gouvernement dont l'existence, à entendre les anti-proportionnalistes, est complètement indispensable. « C'est un mot ronflant, dit M. Frey, absolument vide de sens et d'effet, à moins qu'on entende par là un Grand Conseil docile à toutes les demandes du Conseil d'État, votant toutes ses propositions sans les contrôler, ni les examiner (1). »

Cependant — et personne ne le conteste — une majorité est nécessaire pour prendre les décisions. Comment se formera-t-elle ?

Avec le système majoritaire, c'était dans le peuple que la majorité se formait ; avec la représentation proportionnelle, c'est dans le sein de l'assemblée élue. Les groupes, au lieu de se coaliser en vue

______

(1) *Les lois suisses sur la représentation proportionnelle*, p. 8.

d'obtenir aux élections la majorité des suffrages, s'uniront dans le Grand Conseil pour former un parti de droite et un parti de gauche en vue des décisions à prendre (1).

Nous nous trouvons donc en présence de deux systèmes opposés : d'un côté, la formation de la majorité dans le Grand Conseil avec les coalitions parlementaires ; de l'autre, la formation de la majorité dans le peuple avec les coalitions électorales.

De ces deux thèses, la première est certainement la plus logique. Elle est une conséquence de la distinction fameuse entre le droit de décision et le droit de représentation.

Le système majoritaire demande aux électeurs une décision qui ne doit être prise que par l'assemblée délibérante. La représentation proportionnelle, au contraire, se rapproche de l'idéal démocratique, ainsi qu'on peut le voir par l'exemple des Landsgemeinden. Là, en effet, disait M. Naville, « une question étant posée, les opinions se groupent et la majorité se prononce. Il en sera de même dans une assemblée où la nation entière aura ses représen-

---

(1) *Le Journal de Genève* le proclamait le 11 octobre 1892 : « Les catholiques formeront à l'avenir un groupe *électoral* distinct. Mais ceux d'entre eux qui ont voté jusqu'à ce jour avec nous n'entendent nullement se séparer pour former un nouveau groupe *parlementaire*. »

Le Peuple de Genève faisait une constatation semblable le 14 août 1897, en ce qui concerne l'alliance des socialistes avec les radicaux.

tants : une question étant posée, la discussion aura lieu, la majorité se prononcera. Ce que nos contradicteurs ont dans l'esprit, c'est une majorité qui ne se prononce pas après discussion, mais qui sort de l'urne électorale. Mais alors à quoi servent les délibérations parlementaires ? » (1)

Du reste, en réclamant avec instance cette majorité de gouvernement, les adversaires du système proportionnel perdent de vue que l'assemblée représentative exerce une double fonction : politique et législative.

En ce qui concerne la direction politique générale, il est certain qu'une majorité est nécessaire. On concevrait à ce point de vue le maintien du système majoritaire, si toutefois il dégageait sûrement la majorité vraie du pays.

En ce qui touche à la confection des lois, il ne se comprend plus du tout. Comme on l'a très bien dit, « la loi n'est pas une œuvre politique qui doive subir la tyrannie d'une majorité politique, mais une œuvre nationale à laquelle doivent concourir tous les éléments représentatifs des intérêts nationaux. » (2)

Par conséquent, à l'objection tirée de l'absence d'une majorité, la distinction rend la réponse facile.

Au point de vue politique, la représentation proportionnelle dégage la majorité du pays, quand il y en a une ; elle ne donne point une majorité factice

____

(1) *Les progrès de la réforme électorale en 1874 et 1875*, p. 66.

(2) Saleilles. — *Revue du droit public*, 1898, tome IX, p. 405.

qui trop souvent est une minorité réelle imposant ses volontés au reste de la nation.

Au point de vue législatif, l'absence de majorité consistante, reprochée à la représentation proportionnelle, est le plus grand bien qu'elle puisse produire. Dans la confection des lois, la majorité de gouvernement n'a rien à voir ; autrement, les meilleures lois, parce qu'elles sont soutenues par la majorité, risquent de liguer contre elles toutes les oppositions ; et, à l'inverse, les propositions issues de la minorité risquent de se heurter à l'opposition de parti pris de la majorité. Dans le travail législatif, il ne doit y avoir que des majorités spéciales, se formant successivement sur les lois présentées, et prises dans les différents partis en dehors de toute préoccupation politique quelconque. La seule chose qu'on doit avoir en vue, c'est l'intérêt général.

*
* *

Mais précisément, répondent les anti-proportionnalistes, n'est-il pas à craindre que la libre formation des groupes électoraux n'entraîne le développement des intérêts particuliers et leur prédominance sur l'intérêt général ? N'est-il pas à présumer que les députés élus d'après le système proportionnel seront les représentants de petits groupes, uniquement préoccupés de défendre les idées spéciales de ces groupes sans considération pour le bien commun du pays ?

Le triomphe de l'esprit particulariste sur l'idée nationale résulte forcément, disait-on, de ce fait qu'avec la représentation proportionnelle il ne peut y avoir que des mandats limités et spéciaux, que des députés nommés par un nombre restreint d'électeurs, ne pouvant, par suite, obtenir un mandat général pour la gestion des affaires du pays. Ce n'est pas le peuple qui est représenté, c'est une fration du peuple, c'est une idée spéciale.

La réponse était facile. Dans le système proportionnel, chaque groupe revendique le droit de nommer, non pas ses représentants, mais un certain nombre de députés représentant le pays tout entier, nombre en harmonie avec sa force numérique. D'ailleurs, l'objection qu'on adresse à la représentation proportionnelle peut être retournée contre le système majoritaire. Là aussi les députés sont nommés par une fraction du peuple et non par le peuple entier. Pour qu'il en fût autrement, il faudrait que l'élection eût lieu en collège unique et à l'unanimité des suffrages. En réalité, les représentants ne sont choisis que par une partie des électeurs d'une circonscription déterminée.

D'autre part, il est inexact de prétendre qu'un nombre limité d'électeurs ne peuvent donner un mandat général pour la gestion des affaires du pays.

Que fait l'électeur dans la démocratie représentative ? Il remet à un mandataire choisi par lui l'exercice d'un droit dont il ne conserve pas l'usage direct. Or, il est bien certain que les citoyens ont un pouvoir général de participation aux affaires publiques. Donc, la délégation qu'ils feront de leur pouvoir à un député permettra à celui-ci de trancher toutes les questions qui seront agitées dans le sein de l'assemblée.

En disant qu'un nombre limité d'électeurs ne peuvent donner un mandat général pour la gestion des affaires du pays, on fait une confusion. Ce qui est vrai, c'est que le mandat n'est pas général quant à son auteur, puisqu'il émane d'un groupe et non du peuple entier. Mais cela ne l'empêche nullement d'être général quant à son objet.

D'ailleurs, la représentation des intérêts particuliers n'est pas fatalement en contradiction avec le bien commun du pays ; au contraire, cette représentation est avantageuse, nécessaire même, à une époque où les questions sociales sont à l'ordre du jour. Comme le disait M. Frey avec juste raison, (1) « les questions sociales, bien moins encore que les questions politiques, ne peuvent être résolues par une majorité de parti. Ces questions, qui intéressent à un si haut degré toutes les classes de la population, ne peuvent être traitées que par une entente commune. Elles touchent à trop d'intérêts divers pour être discutées et tranchées par une fraction de la représentation nationale. Le régime proportionnel est le seul qualifié pour pouvoir leur donner la

---

(1) *Les lois suisses sur la représentation proportionnelle*, p. 4.

solution la plus conforme aux vœux de l'opinion publique. »

Et c'est bien pour cela qu'à Genève les ouvriers-socialistes se montraient partisans décidés de la représentation proportionnelle ; ils voyaient en elle le seul moyen de faire entendre leurs revendications.

D'une manière générale, le système proportionnel assure aux différents groupes de la population la représentation des idées qui leur sont chères, et c'est là son immense avantage.

Aux yeux de ses adversaires, c'est au contraire son défaut capital, car, disaient-ils, la constitution de partis nettement tranchés entraîne pour les députés l'obligation de s'en tenir strictement à la défense des intérêts et des opinions du groupe qui les a élus ; leur liberté sera limitée à ce champ d'action ; la représentation proportionnelle a pour conséquence forcée le mandat impératif.

*
* *

« Si cette notion est courante, disait M. Patru, c'est un peu de la faute des partisans de la représentation proportionnelle. On dit depuis si longtemps qu'il faut que les minorités soient représentées, que chaque groupe nomme les représentants qui expriment ses opinions particulières, qu'on a fini par croire que dans le système proportionnel tout député ne doit représenter qu'une idée ou un ensemble restreint d'idées, ce qui revient à dire qu'il recevra un mandat impératif (1). »

Or il y a confusion ; il s'agit de savoir ce qu'il faut entendre par mandat impératif.

Si on prend ces expressions dans leur sens technique, si l'on veut dire que le député ne doit agir que d'après les instructions formelles de ses électeurs et peut, s'il s'en écarte, être révoqué comme le mandataire du droit civil, l'objection porte à faux : le mandat impératif ne sera pas plus possible sous le régime proportionnel qu'avec le système majoritaire ; il est formellement interdit par la Constitution genevoise (2).

Si par là on veut dire qu'un député est moralement engagé à soutenir les réformes précises qu'il a indiquées dans son programme, le fait est incontestable, mais on le retrouve dans tous les modes d'élection. — Et puis, en admettant que le délégué d'un groupe puisse être tenu sur certains points déterminés, il conserve pour le reste son entière indépendance.

La représentation proportionnelle amènera plus de précision dans les programmes électoraux, plus de fixité dans la ligne de conduite des représentants élus, mais elle n'engendrera aucune obligation stricte des députés vis à vis de leurs électeurs, il y a loin de là au mandat impératif.

---

(1) *Mémorial*, 1890-91, tome I, p. 691.

(2) Article 44 : **Les députés ne peuvent être liés par des mandats impératifs.**

*
* *

Vaincus sur le terrain des principes comme sur celui de l'utilité pratique, les adversaires de la représentation proportionnelle se réfugiaient dans un autre domaine, celui de l'application.

La représentation proportionnelle, disaient-ils, peut être une idée séduisante, mais elle est inapplicable, les procédés indiqués pour la réaliser sont beaucoup trop compliqués ; ils donneront lieu à des difficultés telles qu'il faudra bien renoncer à maintenir la réforme dans l'organisation électorale du pays.

Cette objection se rattachant à un autre ordre d'idées, celui de l'application, c'est dans notre seconde partie que nous en aborderons l'examen ; c'est là qu'on trouvera la réponse à y faire d'après les enseignements de l'expérience.

DEUXIÈME PARTIE

LE SYSTÈME
DE REPRÉSENTATION PROPORTIONNELLE
ADOPTÉ PAR LA LÉGISLATION
DU CANTON DE GENÈVE

I

LES BASES DU SYSTÈME

L'article 1er de la loi du 3 septembre 1892 (1) est ainsi conçu :

« L'élection des députés au Grand Conseil a lieu au scrutin de liste avec répartition des députés aux

---

(1) La loi organique du 3 septembre 1892 sur la représentation proportionnelle pour l'élection des députés au Grand Conseil a été collationnée sur les ordres du Conseil d'État en date du 18 octobre 1892 avec la loi générale sur les votations et élections du 27 octobre 1888. Elle en fait maintenant partie intégrante (art. 89-111). Nous désignerons toujours les articles par le numéro qu'ils portent dans la loi collationnée du 18 octobre.

différentes listes proportionnellement au nombre des suffrages qu'elles ont recueillis dans l'élection. »

En moins de mots, c'est le système de la concurrence des listes qui a obtenu les préférences du législateur.

Ce procédé avait été depuis longtemps proposé à Genève ; on le trouve indiqué pour la première fois dans les écrits de M. Morin en 1861 et 1862. Il fut repris par l'Association réformiste en 1867 et, dès lors, resta presque l'unique base de tous les projets présentés ; il n'eut à lutter sérieusement que contre le vote limité.

Le système du quotient, recommandé en 1865 par M. Naville, adapté au canton de Genève par M. Rivoire en 1866, n'eut aucun succès, du moins au point de vue pratique ; s'il apparaît souvent comme un procédé assez remarquable dans les études théoriques sur la représentation proportionnelle, jamais il ne figura dans une proposition législative.

Le vote cumulatif comme système type fut présenté vers 1865 par M. Wessel, mais il passa complètement inaperçu. Au contraire, combiné avec le système des listes concurrentes, il eut la vogue pendant un certain temps, d'abord en 1875, puis en 1885, après la conférence internationale d'Anvers.

Reste le vote limité qui fait sa première apparition en 1862 avec la proposition du Dr Mayor. On le retrouve en 1870 proposé par M. Alexandre Martin au Grand Conseil, en 1877-1878 défendu par lui dans le *Journal de Genève*, en 1879 présenté par M. Odier au nom de la commission, puis en 1882 proposé par M. Falletti et soutenu par l'Association réformiste elle-même, enfin préconisé en 1892 par les adversaires de la représentation proportionnelle. (1)

Le vote limité paraît avoir, à certains moments, menacé le principe de la proportionnalité. M. Naville en faisait la remarque dans la lettre qu'il adressait au *Journal de Génève* le 19 décembre 1878 : « Il se produit un courant d'opinion qui, s'il devenait dominant, empêcherait l'étude sérieuse et complète de la question électorale. Je veux parler de l'opinion qui se prononce en faveur du vote limité ».

Malgré tout, celui-ci ne parvint pas à l'emporter sur le système de la concurrence des listes.

* *

Quant aux différentes opérations que nécessite le fonctionnement du système, on peut les ramener aux suivantes :

1° Présentation des listes.

2° Vote des électeurs.

3° Dépouillement du scrutin.

4° Répartition des sièges entre les différentes listes.

5° Désignation des candidats élus.

6° Remplacement en cas de vacances.

---

(1) Notons, pour être complet, que dans le tour de préconsultation sur le projet de M. Dubois-Miéville (31 mai 1893), M. Muller-Brun recommanda à la commission d'adopter le vote limité pour les élections municipales. La proposition fut repoussée par la commission (Rapport du 21 octobre 1893).

II

LA PRÉSENTATION DES LISTES

Les listes sont formées par les partis politiques ou groupes d'électeurs ; elles doivent être revêtues de 10 signatures, au moins, de citoyens ayant le droit de vote (1).

Dans la pensée des réformistes, cette mesure a pour but « d'empêcher l'encombrement nuisible qui résulterait du dépôt de listes n'ayant aucun caractère sérieux ».

Le chiffre de 10 signatures est-il suffisamment élevé pour atteindre ce but? Il est permis d'en douter. Aussi, M. Rutty proposait, le 1er février 1899, de rétablir le chiffre de 20 signatures qui avait jadis été proposé.

Outre les signatures d'un certain nombre d'électeurs, les listes doivent contenir la désignation de l'un d'eux comme mandataire, comme représentant officiel en quelque sorte du parti dans ses rapports avec la chancellerie.

Les listes peuvent contenir un nombre quelconque de candidats, égal ou inférieur au chiffre des députés à élire.

(1) Le même électeur ne peut donner sa signature à plus d'une liste de candidats (art. 90, § 3).

Cette disposition présente un immense avantage : elle permet aux Comités de faire une sélection et de ne présenter à leurs adhérents que des candidats sérieux, capables de s'acquitter dignement de leur mandat.

Par contre, elle offre un inconvénient. Les listes peuvent ne porter qu'un seul nom ; et, si les partis usent de cette faculté, un résultat singulier se produira. La loi genevoise décide — nous retrouverons plus loin cette intéressante disposition — qu'au cas où une vacance se produit dans la représentation d'un parti, le député qui disparaît est remplacé par le candidat qui a obtenu le plus de suffrages après le dernier élu de la liste. Or il est évident que la présence d'un candidat unique rend impossible l'application du système sur ce point. — On n'avait pas prévu l'hypothèse dans la discussion de la loi organique ; elle ne s'était réalisée ni aux élections de 1892, ni à celles de 1895 ; le fait s'est produit seulement en 1898. Pour parer à cet inconvénient M. Rutty proposa le 1er février 1899 d'exiger des partis la présentation d'au moins cinq candidats éligibles.

Quant aux candidats portés par un groupe quelconque, leur acceptation est nécessaire. « Le nom d'un candidat ne peut être maintenu contre son gré sur une liste » dit formellement l'article 91.

D'autre part, l'article 92 dispose que « un candidat peut figurer sur plusieurs listes, mais il doit préalablement opter pour l'une d'elles. »

Ainsi formées, les listes doivent être déposées à la chancellerie d'Etat au plus tard le mardi qui précède le dimanche de l'élection, avant-midi. C'est, dit M. Frey dans son rapport du 18 mai 1891, « une simple mesure d'ordre qui a pour effet d'éviter les manœuvres dites de dernière heure et de donner le temps au département de l'Intérieur de confectionner les tableaux nécessaires au dépouillement. »

Les listes doivent se distinguer entre elles par leur dénomination. « Dans le cas où des listes portent des dénominations identiques, la Chancellerie invite les groupes à établir les distinctions nécessaires, (1) à défaut de quoi ces listes sont distinguées par un numéro d'ordre » (2) (art. 90 § 4).

Les listes déposées en chancellerie peuvent être soumises à certaines rectifications qui doivent intervenir avant le jeudi à midi qui précède le dimanche de l'élection.

D'abord, si un candidat refuse d'être porté sur une liste déposée le mardi, il peut être remplacé jusqu'au jeudi, date ultime. Ensuite, si un candidat figurant sur plusieurs listes n'a pas opté, « la chancellerie avise le candidat et convoque le mandataire de

---

(1) Par exemple, au moyen d'une vignette : l'aigle pour le part démocratique, le chapeau de Guillaume Tell pour le parti radical.

(2) Au Tessin, chaque groupe a la propriété de la dénomination de sa liste, aucun autre groupe ne peut se l'attribuer, sous peine de nullité.

A Neuchâtel, même disposition, sauf que la propriété des partis porte non sur le titre des listes, mais sur la couleur des bulletins et affiches.

chacun des groupes intéressés pour fixer par le tirage au sort la liste où ce candidat doit figurer, et en leur absence y procède d'office. » (art. 92).

La confection définitive des listes s'achève avec l'accomplissement de ces formalités. Il ne reste plus qu'à faire connaître aux électeurs les candidats que les partis proposent à leurs suffrages. A cet effet, « la chancellerie fait publier et afficher sur papier blanc et en caractères identiques le vendredi avant midi, les listes de candidats déposées en temps utile et reconnues valables. » (art. 93).

III

LE VOTE DES ÉLECTEURS

L'électeur dispose d'autant de suffrages qu'il y a de députés à élire. Il peut rayer des noms sur une liste et la déposer incomplète dans l'urne. Il peut faire une liste manuscrite ou modifier les listes imprimées.

« Il est impossible, concluent les proportionnalistes, de respecter à un plus haut degré la liberté de l'électeur. »

Cependant, au premier abord, il semble y avoir une restriction dans le dernier alinéa de l'article 94 : « Il ne peut être mis à la disposition des électeurs dans les lieux de vote que les listes officiellement déposées en chancellerie. »

Cela ne signifie point que l'électeur doive accorder son suffrage aux seules listes officielles ; il a le droit de faire lui-même une liste manuscrite ou d'apporter du dehors d'autres listes imprimées. — La disposition, introduite par la commission, a pour but unique de permettre à l'électeur de faire son choix entre les listes officielles « sans être égaré, dit le rapport, par la présence de listes qui n'auraient pas été régulièrement déposées. »

Toutefois, si la liberté de l'électeur subsiste entière quant au vote sur les listes, elle paraît singulièrement compromise en ce qui concerne le choix des candidats.

Tous ceux qui ne figurent point sur les listes officielles ne peuvent être élus ; les suffrages à eux accordés doivent être considérés comme nuls dans le dépouillement du scrutin (1).

« Le principe de l'éligibilité de tous les citoyens est carrément supprimé, dit *Le Genevois* (2). Si les comités des groupes excluent un citoyen qui possède des sympathies dans les diverses parties de la population, les électeurs qui n'appartiennent à aucun comité auront beau lui donner des centaines de

______

(1) Au moins comme suffrages individuels. Nous verrons plus loin que, si le bulletin porte l'en-tête d'une liste officielle, ils peuvent valoir comme suffrages de liste.

(2) Numéro du 19 seplembre 1892.

suffrages, ça ne compte pas ; il n'est pas en élection. »

Il y a là un défaut inhérent au système, des listes concurrentes, car nous retrouvons l'exclusion dans toutes les lois suisses sur la représentation proportionnelle (1).

Il n'a pas d'ailleurs la gravité que le Genevois lui attribue si volontiers. Certes oui, il supprime l'éligibilité en ce sens qu'un candidat non inscrit sur les listes officielles ne peut valablement recueillir les suffrages de ses concitoyens. Mais c'est là une restriction bien négligable : si un candidat est réellement voulu par un groupe d'électeurs, ils prendront leurs précautions pour se conformer à la procédure établie par la loi. Or nous savons que dix signatures de citoyens électeurs suffisent pour la présentation d'une liste.

L'exclusion des candidats ne figurant pas sur les listes officielles a surtout pour but d'éviter les complications dans le dépouillement. Aussi dans certains projets négligeant ce point de vue, on avait proposé de considérer les noms des candidats qui ne figuraient point sur les listes officielles comme

(1) Tessin, loi du 24 novembre 1891, modifiée le 2 décembre 1892, art. 12.

Neuchâtel, loi du 28 octobre 1891, révisée le 22 novembre 1894, art. 51.

Zoug, loi du 1er septembre 1894, art. 12.

Soleure, loi du 30 novembre 1894, art. 11.

Fribourg, loi du 19 mai 1894, art. 56.

Berne, règlement du 5 mai 1895, art. 10.

formant ensemble une liste spéciale qui aurait le droit de participer comme les autres à la répartition des sièges. Cette combinaison avait pour avantage de respecter la liberté des électeurs dans la plus large mesure possible. Le législateur de 1892 a jugé que l'avantage n'était pas suffisant pour faire admettre une disposition qui aurait constitué une source certaine de complications dans le dépouillement.

En fin de compte, dans le système génevois l'électeur jouit d'une assez large liberté dans l'expression de son vote, sauf la restriction que nous venons d'indiquer.

*
* *

Aprés avoir envisagé la manière dont vote l'électeur, il faut déterminer la valeur attribuée aux suffrages qu'il émet.

La loi genevoise distingue trés nettement deux catégories de suffrages : les suffrages individuels et les suffrages de liste.

Les suffrages individuels sont les voix accordées nominativement aux différents candidats.

Les suffrages de liste sont les voix accordées aux différents partis que le dépôt des listes a fait reconnaître officiellement. Ils servent à déterminer la force électorale des groupes en présence et à permettre de fixer le nombre de sièges auquel ils ont droit dans la répartition.

Les suffrages de liste comprennent d'abord les suffrages individuels, et en outre : 1° les noms rayés ou laissés en blanc. 2° les suffrages donnés à des candi-non inscrits sur les listes officielles. 3° les suffrages répétés sur le même nom.

Les suffrages individuels ont donc une valeur double : ils comptent à la fois pour un parti et pour des candidats.

Les suffrages de liste proprement dits comptent seulement pour un parti déterminé.

C'est dans cette institution des suffrages de liste que réside la principale originalité de la loi de 1892. Pour la bien comprendre, il faut chercher à se rendre un compte exact de la valeur attribuée aux différentes espèces de bulletins.

Passons-les en revue, par exemple, pour l'élection de 34 députés dans le collège de la Ville de Genève.

a) Un bulletin de vote porte une liste radicale officielle avec 34 candidats radicaux. *(Liste compacte)*.

Ce bulletin compte pour un suffrage à chacun des 34 candidats radicaux et pour 34 suffrages de liste à la liste radicale.

b) Un bulletin de vote porte une liste radicale officielle avec 20 candidats radicaux et le reste en blanc. *(Liste incomplète)*.

Ce bulletin compte pour un suffrage à chacun des 20 candidats radicaux et pour 34 suffrages de liste à la liste radicale,

c) Un bulletin de vote porte une liste radicale officielle avec 15 candidats radicaux, 10 candidats démocrates, 5 candidats ouvriers et le reste en blanc. *(Liste panachée).*

Ce bulletin compte pour un suffrage à chacun des 15 candidats radicaux, pour 19 suffrages de liste (15 + 4 suffrages laissés en blanc) à la liste radicale ; pour un suffrage à chacun des dix candidats démocrates, pour 10 suffrages de liste à la liste démocratique ; pour un suffrage à chacun des 5 candidats ouvriers, pour 5 suffrages de liste à la liste ouvrière.

d) Un bulletin de vote porte simplement une liste radicale officielle sans aucun nom de candidats. *(Liste incomplète).*

Ce bulletin ne donne naturellement aucun suffrage à des candidats, mais il compte pour 34 suffrages de liste à la liste radicale.

e) Un bulletin porte une liste radicale officielle ayant 22 candidats inscrits dont 15 ont été rayés par l'électeur sans avoir été remplacés. *(Liste incomplète.)*

Ce bulletin compte pour un suffrage aux 7 candidats qui n'ont pas été rayés et pour 34 suffrages de liste à la liste radicale.

f) Un bulletin de vote ne mentionne le titre d'aucune des listes officielles et porte 34 candidats radicaux. *(Bulletin complet sans nom de liste.)*

Ce bulletin compte pour un suffrage à chacun des 34 candidats radicaux et pour 34 suffrages de liste à la liste radicale.

g) Un bulletin de vote ne mentionne le titre d'aucune des listes officielles, et porte 18 candidats radicaux et 16 candidats démocrates. *(Bulletin panaché complet sans nom de liste).*

Ce bulletin compte pour un suffrage à chacun des 18 candidats radicaux et pour 18 suffrages de liste à la liste radicale : pour un suffrage à chacun des 16 candidats démocrates et pour 16 suffrages de liste à la liste démocratique.

h) Un bulletin de vote ne mentionne le titre d'aucune des listes officielles, et porte 15 candidats radicaux, 10 candidats démocrates et 5 candidats ouvriers. *(Bulletin panaché incomplet sans nom de liste).*

Ce bulletin compte pour un suffrage à chacun des 15 candidats radicaux et pour 15 suffrages de liste à la liste radicale ; pour un suffrage à chacun des 10 candidats démocrates et pour 10 suffrages de liste à la liste démocratique ; pour un suffrage à chacun des 5 candidats ouvriers et pour 5 suffrages à la liste ouvrière. Mais ce bulletin étant incomplet, puisqu'il ne porte que 30 candidats sur 34 députés à élire, les 4 suffrages laissés en blanc sont nuls.

Ces quatre suffrages laissés en blanc ne peuvent être attribués à aucune liste, puisque le bulletin de l'électeur n'a indiqué aucun nom de liste. Il en est de même des suffrages irréguliers, savoir ceux donnés à des candidats non inscrits sur les listes officielles ou ceux répétés sur le même nom.

Tel est le système imaginé par le législateur du canton de Genève, Au fond, il paraît assez compliqué et certains ont trouvé qu'il constituait une série de dispositions terriblement embrouillées, dans lesquelles l'électeur aurait bien de la peine à se retrouver.

La complication, cependant, est plus apparente que réelle ; et la mise en pratique de ce mécanisme a exigé seulement quelques explications par la voie de la presse, dans le genre de celles que le *Journal de Genève* adressait à ses partisans avant les élections : « En déposant dans l'urne un bulletin incomplet, pourvu que ce bulletin porte le titre de l'une des listes officielles, l'électeur ne diminue en rien la valeur de son suffrage. Il donne à la liste qu'il a choisie autant de voix qu'il y a de députés à élire. Au contraire, en complétant sa liste ou en remplaçant des noms, l'électeur diminue la valeur du suffrage qu'il donne à son propre parti. Il lui enlève autant de voix qu'il en donne à des candidats d'autres groupes. Donc, des listes incomplètes si l'on veut, mais surtout pas de panachage (1) ».

*
* *

Une objection beaucoup plus grave au système concernait la question des candidatures communes à plusieurs listes.

On se trouve ici en présence d'un problème pour ainsi dire insoluble. En effet, si on autorise les candidatures communes, on introduit dans le dépouil-

---

(1) Numéro du 4 novembre 1892.

lement une source grave de complications ; l'expérience du 13 décembre 1891 était fort concluante à cet égard : l'admission des noms communs avait constitué, sinon l'unique, du moins la plus grosse difficulté de l'essai.

Par contre, si on interdit les noms communs, on porte atteinte à la liberté des électeurs et des candidats, on ajoute une restriction à celle qui empêche déjà les suffrages de se porter utilement sur les candidats n'appartenant à aucune des listes officiellement déposées.

Les proportionnalistes se montrant fort soucieux d'assurer la liberté électorale, proposèrent bien des combinaisons où ils s'efforçaient d'admettre les noms communs, sans qu'il en résultat d'inconvénients trop graves (1). Finalement, ils furent bien forcés de reconnaître que l'attribution à une seule liste d'un candidat proposé par plusieurs groupes était l'unique moyen de sortir des difficultés multiples auxquelles pouvaient donner lieu les candidatures communes.

A Genève, le législateur, tout en restreignant la liberté, a voulu au moins sauvegarder les apparences. Cela explique la rédaction de l'article 92 ainsi conçu : « Un candidat peut figurer sur plusieurs listes, mais il doit préalablement opter pour l'une d'elles ». A

---

(1) Voir notamment : le projet présenté par **M. Naville** le 10 février 1879, articles 10, 11, 12.— Le Manuel de représentation proportionnelle, publié en 1889, par M. Frey, p. 47.— Le rapport de la commission du Grand Conseil (2 avril 1892) dans le *Mémorial* 1891-92, annexe p. 321 et suiv.

défaut d'option, le tirage au sort désigne la liste à laquelle il est censé appartenir et à laquelle seront attribués les suffrages individuels recueillis par lui dans l'élection.

Il eût été plus logique de décider, comme d'autres lois suisses (1), la suppression radicale des noms communs. Dans le système genevois, un candidat ne peut figurer utilement que sur une liste. A quoi bon permettre le maintien de son nom sur d'autres listes ? Cette solution peut engendrer l'équivoque. Certains électeurs, voyant figurer sur la liste de leur parti un candidat que l'option ou le sort a attribué à une autre liste, pourront accorder leurs suffrages à ce candidat et ainsi donner autant de voix à son parti, ce qui peut être contraire à leur volonté.

La suppression déguisée des noms communs a été violemment critiquée par les adversaires de la représentation proportionnelle. D'après eux, on mutile la liberté en obligeant tout candidat à se prononcer pour tel ou tel groupe, à devenir l'homme exclusif d'un parti déterminé (2) ; l'option forcée est une forme à peine atténuée du mandat impératif (3).

(1) Les lois du Tessin, de Zoug, de Soleure et de Berne décident qu'à défaut d'option, le candidat est attribué par le sort à une liste, et que son nom ne peut être maintenu sur une autre liste. Seule, la loi de Fribourg reproduit le système bizarre de la loi genevoise.

(2) De fait, c'est bien ainsi que les choses se passent ; la représentation proportionnelle a entraîné la disparition complète des noms communs. Aux élections de 1892 seulement, six candidats figurent sur les listes de deux groupes. C'était un vestige du passé qui n'a pas reparu dans les élections postérieures.

(3) *Genevois* du 12 septembre 1892.

Dans ces critiques, il y a une part de vérité, mais il y a aussi beaucoup d'exagération. Il est évident qu'avec le système proportionnel les députés sont plus étroitement attachés au groupe qui les a choisis ; mais ils ne sont pour cela liés par aucune obligation légale vis à vis de leurs électeurs ; ils seront moralement obligés de tenir les quelques promesses spéciales qu'ils auront pu faire, mais leur indépendance demeure entière pour le reste. La véritable conséquence de l'option forcée, ce ne sera pas le mandat impératif, mais une sincérité plus grande dans les proclamations électorales : les partis auront un programme mieux défini, plus limité, autre chose qu'un ramassis d'aspirations vagues ou de promesses contradictoires en quête de suffrages.

IV

LE DÉPOUILLEMENT DU SCRUTIN

Lorsque le scrutin est clos, le Grand Bureau fait le compte des bulletins retrouvés dans les urnes et réunit, par paquets de cent au maximum, les bulletins portant la même dénomination.

Chaque bureau de dépouillement reçoit un de ces paquets de bulletins avec une feuille de dépouillement portant la même dénomination que les bulletins.

Les feuilles de dépouillement, préparées par le département de l'Intérieur, sont divisées en deux.

A gauche, en haut, le titre de la liste à dépouiller, puis les noms de ses candidats : les suffrages individuels accordés à ceux-ci sont notés dans des colonnes numérotées par cinq jusqu'à cent — au bas de la feuille, sont cent cases destinées à recevoir les suffrages de liste, c'est-à-dire les noms rayés ou laissés en blanc, les suffrages répétés sur le même nom, et les voix données à des candidats non inscrits sur les listes officielles.

A droite de la feuille, toutes les listes autres que celle désignée en tête, figurent avec leurs candidats pour recevoir les suffrages panachés.

Le total des suffrages individuels donnés aux candidats du parti désigné, des suffrages de liste qui lui reviennent et des suffrages panachés, doit pour le contrôle correspondre exactement à la somme des bulletins dépouillés multipliée par le nombre des représentants à élire. Si, par exemple, on dépouille 100 bulletins radicaux dans un collège ayant à nommer 40 députés, le total des suffrages donnés aux candidats radicaux, des suffrages de listes attribués à ce parti et des suffrages panachés, doit donner $40 \times 100 = 4.000$ suffrages.

A chaque nouveau paquet de cent bulletins, une nouvelle feuille de dépouillement est nécessaire.

Indépendamment des feuilles de dépouillement spéciales à chaque liste officielle, il y en a d'autres pour les bulletins sans nom de liste.

Ces feuilles, valant chacune pour un paquet de cent bulletins, reproduisent les différentes listes avec tous leurs candidats. Elles contiennent, en outre, cent cases destinées à recevoir les suffrages nuls qui sont comptés uniquement pour le contrôle. Sont nuls, sur les bulletins ne désignant aucune liste officielle : 1° les noms rayés ou laissés en blanc ; 2° les suffrages répétés sur le même nom ; 3° ceux donnés à des candidats ne figurant pas sur les listes officielles.

Pour les feuilles de dépouillement spéciales aux bulletins sans nom de liste, le total des suffrages recueillis par les candidats des listes officielles et des suffrages nuls doit donner une somme égale au nombre des bulletins dépouillés multiplié par le nombre des députés à élire.

*
* *

Après le dépouillement proprement dit, vient la récapitulation.

Chaque parti a sa feuille spéciale. Sur cette feuille, on inscrit, d'abord dans la colonne de chaque candidat, le nombre des suffrages individuels qu'il a obtenus sur toutes les feuilles de dépouillement (1);

(1) Les suffrages panachés et les suffrages donnés sur les bulletins sans nom de liste aux candidats figurant sur les listes officielles, sont réunis sur des feuilles de récapitulation spéciales, et leur total, est reporté au nom de chaque candidat sur la feuille de récapitulation de sa liste.

puis, dans une colonne spéciale, le nombre des suffrages blancs revenant à la liste.

Cette récapitulation qui suit immédiatement le dépouillement donne les résultats par commune. Il ne faut pas la confondre avec la récapitulation générale des votes qui donne les résultats pour le collège entier. Par conséquent, en plus des feuilles de récapitulation spéciales à tel ou tel lieu de vote, il y aura encore une feuille de récapitulation générale pour chaque liste dans toute l'étendue de la circonscription.

* *

Le dépouillement une fois terminé, le Grand Bureau doit mentionner dans un double procès-verbal :

1° Le nombre des bulletins retrouvés dans les urnes ;

2° Le nombre des bulletins déclarés nuls ;

3° Le nombre des bulletins reconnus valables ;

4° Le nombre total des suffrages qui pouvaient être exprimés ;

5° Les listes en présence et le nombre des candidats de chacune d'elles ;

6° Le nombre des suffrages nominativement donnés à chacun des candidats ;

7° Le nombre des suffrages de liste qui reviennent à chaque parti ;

8° Le nombre des suffrages déclarés nuls.

L'addition, pour chaque liste, des suffrages nominativement donnés aux candidats, des suffrages de liste et des suffrages déclarés nuls doit correspondre exactement au nombre total des suffrages qui pouvaient être valablement exprimés.

* *

Le dépouillement, dont nous venons d'envisager les différentes phases, paraît au fond assez compliqué. Aussi, dans un document sur l'application de la loi organique, le département de l'Intérieur termine ce qui est relatif à cette opération en disant : « Toutes les explications nécessaires figurent tant sur les feuilles de dépouillement que sur les feuilles de récapitulation. Toutefois les présidents des élections du Grand Conseil devront particulièrement attirer l'attention des jurés électoraux sur le transport des suffrages panachés et des suffrages provenant des bulletins sans nom de liste. Un bureau spécial devra être chargé de ce travail partout où cela sera possible ».

La complication du dépouillement avait été un des grands arguments invoqués par les adversaires de la représentation proportionnelle. L'essai pratique du 13 décembre 1891 sembla même leur donner raison en montrant dans le dépouillement une source de difficultés sérieuses. Mais celles-ci tenaient, pour la plupart, au grand nombre des candidatures communes qui avaient été présentées et à des manœuvres qui ne devaient pas se reproduire dans une élection réelle.

Dégagé de ces complications factices, le dépouillement fonctionna d'une manière satisfaisante. *Le
Genevois* lui-même fut bien forcé de l'avouer. Le
15 novembre 1892, il écrivait : « Le dépouillement
s'est fait vite et correctement. Nous ne faisons
aucune difficulté de reconnaître que sous ce rapport
nous avons été trompés en bien, la loyauté nous
impose cette constatation ».

Le dépouillement avait même été plus rapide que
dans les élections faites d'après le système majoritaire. Ainsi, « au lieu d'être proclamé à onze heures
ou minuit, comme c'était l'habitude, le résultat a été
donné en ville à huit heures et demie ; et si l'on avait
réparti dans ce dernier collège le dépouillement des
bulletins panachés entre plusieurs bureaux, l'on
aurait encore gagné quelques heures. » (1). « Aux
Pâquis, où le dépouillement n'était jamais, avec
l'ancien système électoral, achevé avant minuit, il a
été terminé cette fois-ci à huit heures déjà et la
récapitulation avant neuf heures et demie. » (2)

Aux élections de 1898, le dépouillement fut des
plus longs et des plus laborieux. Dans le collège de
la Ville, où il est immédiatement suivi de la récapitulation, il fut commencé à huit heures du matin et
terminé le lendemain vers deux heures du matin.

Dans le collège de la Rive gauche, la récapitulation générale, commencée à neuf heures du matin,
ne s'est terminée qu'à onze heures et demie du soir.

(1) *Tribune de Genève*, n° du 25 novembre 1892.
(2) *Journal de Genève*, supplément au n° du 14 novembre 1892.

Cette longueur inaccoutumée des opérations est due aux discussions soulevées entre les membres des bureaux électoraux par le cas de M. Vogt. La lenteur doit être imputée non à un fonctionnement défectueux du dépouillement, mais aux difficultés d'interprétation soulevées par quelques articles obscurs et mal rédigés de la loi organique. La preuve en est que, dans le collège de la Rive droite, où M. Vogt ne s'était pas présenté, le dépouillement s'était effectué avec la rapidité ordinaire.

Néanmoins, on a cherché à simplifier le dépouillement dans la mesure du possible. Certains ont indiqué comme remède l'interdiction du panachage; mais on a reculé devant une solution qui porterait atteinte à la liberté des électeurs (1).

V

LA RÉPARTITION DES SIÈGES ENTRE LES DIFFÉRENTES LISTES

Le dépouillement et la récapitulation ont pour objet de déterminer le chiffre électoral des partis en présence et le nombre de suffrages accordés à chacun des candidats.

Cela fait, il s'agit d'indiquer à combien de sièges chaque parti a le droit de prétendre, puis quels sont

(1) Voir à ce sujet la proposition de M. Rutty et l'observation de M. Sigg. (*Mémorial*, 1898-1899, tome I, p. 263.)

dans ces limites les candidats élus de chaque liste.

On commence par accomplir la répartition. Elle consiste en trois opérations arithmétiques des plus simples : une addition et deux divisions.

On additionne les chiffres électoraux des différentes listes. — La somme ainsi obtenue est divisée par le nombre des députés à élire. — Le résultat de la division donne le quotient.

Le chiffre électoral de chaque liste est divisé par le quotient, et on obtient ainsi le nombre de représentants auquel chaque liste a droit.

Presque toujours, il arrivera que le chiffre électoral des partis n'est pas exactement divisible par le quotient ; en d'autres termes, que la division donne un reste. Dans ce cas, les sièges non répartis sont attribués successivement aux listes ayant les plus fortes fractions.

Pour voir fonctionner le mécanisme de la répartition, prenons en exemple le résultat des élections au Grand-Conseil du 14 novembre 1895 dans le collège de la ville de Genève. Il y a 34 députés à élire et 165.921 suffrages.

Les radicaux	ont obtenu	68.177 voix.
Les démocrates	—	57.233 —
Les ouvriers	—	17.855 —
Les nationaux	—	13.483 —
Les indépendants	—	9.173 —

$$\text{Le quotient sera } \frac{165.921}{34} = 4.880 \; (1).$$

(1) Ou plus exactement 4.880, 0,295 ; mais on ne tient pas compte de la fraction.

Si nous recherchons combien de fois chaque liste contient le quotient électoral, nous obtiendrons les résultats suivants :

Radicaux.......	68.177 : 4.880	=	13	+	4.737
Démocrates.....	57.233 : 4.880	=	11	+	3.553
Ouvriers	17.855 : 4.880	=	3	+	3.215
Nationaux......	13.483 : 4.880	=	2	+	3.723
Indépendants...	9.173 : 4.880	=	1	+	4.293

Total : 30 sièges

Sur 34 sièges, 30 seulement sont attribués ; à qui accorder les quatre autres ? La loi genevoise les attribue successivement aux listes auxquelles il reste les plus fortes fractions : ici, les radicaux, les indépendants, les nationaux et les démocrates. Nous aurons donc comme résultats définitifs :

Radicaux	13	+	1	=	14	sièges.
Démocrates	11	+	1	=	12	—
Ouvriers	3	+	0	=	3	—
Nationaux	2	+	1	=	3	—
Indépendants	1	+	1	=	2	—

Total : 34 sièges.

*
* *

Le système est des plus simples ; mais donne t-il une proportion rigoureuse dans l'attribution des sièges aux différents partis ?

Reprenons l'exemple cité plus haut. Nous voyons la liste ouvrière et le groupe national obtenir le même nombre de députés, alors qu'il y a un écart de 4.000 suffrages et plus entre les deux partis (1).

D'autre part, si nous comparons pour chaque liste le chiffre de ses voix et le nombre de ses représentants, nous constaterons que :

les radicaux	ont en moyenne	1 député	pour	4.869	suffrages
les démocrates	—	1	—	4.769	—
les ouvriers	—	1	—	5.951	—
les nationaux	—	1	—	4.494	—
les indépendants	—	1	—	4.586	—

Évidemment, ce n'est pas la perfection absolue ; mais, si l'on examine les causes d'inexactitude dans la répartition et les moyens proposés pour les faire disparaître, on verra que la loi genevoise consacre en somme la meilleure solution *pratique* que pouvait recevoir le problème.

*
* *

Une première cause d'inexactitude est l'attribution des excédents aux plus fortes fractions.

On arrive à la supprimer en substituant au quotient, qui donne des fractions, un chiffre répartiteur qui termine l'opération d'un seul coup.

A ce point de vue, le procédé du diviseur commun imaginé par M. d'Hondt apparaît, en théorie, comme une méthode d'une évidente supériorité.

---

(1) 4.000 suffrages correspondent à environ 120 électeurs. Cela tient à ce que chaque bulletin compte pour autant de voix qu'il y a de députés à élire, pour 34 dans notre hypothèse.

Nous en connaissons le mécanisme. On divise successivement les chiffres électoraux des différentes listes par 1, 2, 3, 4, 5, etc. Puis, on range les nombres ainsi obtenus par ordre d'importance, et celui qui correspond au chiffre des représentants à élire est le diviseur cherché.

Ce procédé est, sans contredit, plus compliqué que celui du quotient ; au lieu d'une division unique, il nécessite toute une série de divisions, puis une comparaison entre leurs résultats pour trouver le chiffre répartiteur. Alors seulement commence la division du chiffre électoral de chaque liste, pour fixer le nombre de députés auquel elle a droit.

La complication serait une quantité négligeable si l'on avait des circonscriptions élisant au maximum une dizaine ou une quinzaine de représentants. Mais, lorsqu'il s'agit d'arrondissements qui, comme ceux de Genève, nomment 26, 34 et 40 députés, l'application du système d'Hondt prendrait une longueur vraiment démesurée et, par suite, ne semble pas très digne d'être recommandée.

Pour obvier à cet inconvénient, M. Hagenbach-Bischoff a proposé une simplification du système : au diviseur commun, il substitue ce qu'on a appelé le procédé du plus un.

La somme de tous les suffrages obtenus par les différentes listes est divisée par le nombre des députés à élire plus un. Le résultat donne le chiffre répartiteur par lequel on divise les chiffres électoraux des différentes listes.

Dans la plupart des cas, la division ne donnera point de restes, et la répartition s'opèrera d'un seul coup.

Cependant, il n'en sera pas toujours ainsi, et alors la question reparaît : comment doit s'opérer l'attribution des sièges non répartis dans la première opération ?

La réponse varie (1). Tantôt, on les accorde exclusivement à la plus forte liste ; tantôt on les donne successivement aux différentes listes dans l'ordre de leur importance numérique ; tantôt enfin on les attribue successivement aux listes ayant les plus fortes fractions.

Qu'on fasse les calculs avec ces différents procédés et l'on verra qu'en somme celui adopté par la loi genevoise se rapproche le plus de la véritable proportionnalité. Les réformistes l'avaient compris de bonne heure puisqu'ils n'ont jamais proposé d'autres méthodes de répartition, et le législateur de 1892 a bien fait d'adopter la solution indiquée par eux.

(1) J'indique seulement pour mémoire celle que fait M. Hagenbach-Bischoff. Si le quotient obtenu par le procédé du plus un n'est pas le chiffre répartiteur qui divise exactement et sans restes les chiffres électoraux des différentes listes, il faut chercher par tâtonnements le diviseur voulu en diminuant le quotient d'une quantité nécessaire. — Dans notre exemple, avec le procédé du plus un, nous aurions 4.700 comme quotient; le chiffre est trop fort, nous prendrions 4.600 ; il est encore trop élevé, nous descendrions alors à 4.500 et nous obtiendrions la répartition totale en un seul coup. Mais cela exige chaque fois de longs calculs et complique outre mesure la répartition.

D'ailleurs, le système, expérimenté à Genève par l'auteur lui-même le 31 décembre 1889, n'avait obtenu aucun succès.

*
* *

Une seconde cause d'inexactitude dans la répartition tient à la division du canton en plusieurs circonscriptions électorales.

M. Dubois-Miéville l'avait démontré avec une grande netteté au Grand Conseil. Il s'exprimait en ces termes :

« Prenons une minorité composée de 400 citoyens. Le total des électeurs a été de 16.000, celui des députés à élire de 100. Il y a un député à nommer par 160 suffrages exprimés ; voilà la base de l'élection. A première vue, notre minorité de 400 électeurs a incontestablement droit à deux représentants. Ces deux représentants, elle les obtiendra avec le collège unique, tandis qu'avec les trois collèges elle n'en obtiendra aucun, ayant été disséminée en trois fractions dont aucune n'aura atteint le quotient électoral.

Prenons une autre minorité moins importante composée de 160 électeurs, mais qui par contre a l'avantage d'être concentrée dans un seul collège ; cette minorité ayant atteint le quotient électoral a droit à un représentant.

Conclusion : avec les trois collèges une minorité de 160 électeurs peut obtenir un représentant, tandis qu'une minorité de 400 électeurs n'en obtiendra aucun. Peut-on appeler cela de la représentation proportionnelle ? » (1)

En conséquence, M. Dubois-Miéville proposait d'adopter l'unité de collège pour le canton de Genève. Le législateur de 1892 refusa de le suivre dans cette voie.

L'expérience sembla démontrer qu'il avait eu tort. Les élections de 1895 produisirent, en effet, les résultats suivants :

Partis	Suffrages recueillis	Proportion des électeurs	Sièges obtenus
Radicaux.......	5.509	39,90 %	40
Démocrates.....	4.084	29,58 %	30
Indépendants...	2.004	14,51 %	14
Nationaux......	1.114	8,07 %	9
Socialistes......	1.096	7,94 %	7

Avec 18 voix de plus et 0,13 % seulement sur l'ensemble du corps électoral, les nationaux ont 5 députés de plus que les socialistes, soit 2 % dans le corps élu, puisqu'il s'agit de nommer 100 députés au Grand Conseil.

Il est certain que l'anomalie signalée ne se serait pas produite avec l'unité de collège. Reste à savoir si les inconvénients de ce système ne seraient pas supérieurs à ses avantages. Il est permis de le croire.

D'abord, l'unité de collège exigerait la présentation de listes contenant, pour les grands partis, au moins de 60 à 70 candidats, puisqu'il s'agirait d'élire

(1) *Mémorial* 1891-92, tome II, p. 1156.

100 députés au Grand Conseil ; elle rendrait ainsi le dépouillement plus compliqué et la récapitulation plus longue.

En second lieu, elle pourrait devenir « préjudiciable aux intérêts communaux en donnant une trop grande prépondérance aux électeurs urbains et aurait pour effet de pousser les communes rurales à présenter elles-mêmes aux électeurs des listes spéciales (1). »

Quoiqu'il en soit, l'unité de collège ne s'est pas encore fait admettre à Genève.

Il faut reconnaître que, sous sa forme absolue, elle présente des inconvénients pratiques assez graves. Il n'en serait plus de même si on l'adoptait dans une mesure restreinte, comme en Espagne ; et c'est la solution que proposait M. Dufresne le 18 janvier 1896 : « Lorsqu'un candidat est présenté dans différents arrondissements où il obtient un certain nombre de voix, mais pas suffisamment pour avoir nulle part le *quorum* il conviendrait de totaliser ces fractions ; et, si par cette addition le candidat obtient un nombre de voix égal au *quorum* exigé dans l'un des arrondissements, il est nommé dans cet arrondissement-là. Si grâce à cette addition il est nommé dans plusieurs arrondissements, qu'il soit nommé dans celui où il obtient le plus de voix (2). »

La proposition de M. Dufresne n'a pas eu de suites.

(1) Alph. FREY. — *Les lois suisses sur la représentation proportionnelle*, p. 45.

(2) *Mémorial*, 1895-1896, tome I, page 118.

* * *

Pour en finir avec le répartition, il nous faut examiner deux difficultés d'application qui se sont présentées à son sujet aux élections du 6 novembre 1898.

Voici la première :

D'après l'article 100, tout groupe qui atteint le quotient électoral a droit à un député : aucune limitation n'est apportée à ce principe ; aucun minimum de suffrages, aucun quorum n'est exigé. L'obtention du quotient est donc une condition suffisante pour figurer utilement à la répartition. En sens inverse, est-elle une condition nécessaire ? Ici nait la difficulté.

Nous savons qu'après la première répartition opérée sur la base du quotient, certains sièges peuvent rester vacants ; nous savons aussi que, dans ce cas, ils sont attribués successivement aux listes ayant les plus fortes fractions. Or il peut se faire que, parmi ces dernières, se trouve une liste qui n'a pas encore obtenu de représentant, parce que son chiffre de suffrages est inférieur au quotient électoral. Dès lors, la question se pose de savoir s'il faut tenir compte de cette liste dans l'attribution des excédents ou s'il faut l'écarter comme ne réunissant point les conditions requises pour prendre part à la répartition.

L'hypothèse s'est présentée aux élections de 1898.

Dans les deux collèges de la Ville et de la Rive gauche, la liste des libertins, avec son candidat unique M. William Vogt, n'atteignait point le quotient, mais avait un nombre de suffrages suffisant pour figurer utilement à la répartition des sièges attribués aux plus fortes fractions. — Fallait-il l'admettre ? Fallail-il l'écarter ?

La loi organique de 1892 ne prévoyait pas la question ; les bureaux électoraux des deux collèges la tranchèrent dans un sens different : celui de la Ville accorda un siège, celui de la Rive gauche le refusa. Des recours furent intentés contre ces décisions (1) ; une polémique s'engagea dans la presse ; une discussion fut provoquée au Grand Conseil par la validation de M. Vogt. Ce fut un débat, à la fois juridique et politique, où les arguments ne manquèrent de force ni d'un côté ni de l'autre.

Plaçons-nous d'abord au point de vue de l'interprétation juridique, et commençons par transcrire le texte de l'article incriminé.

Art. 100. — La somme de tous les suffrages obtenus par les différentes listes divisée par le nombre des députés à élire constitue le quotient électoral.

Chaque liste obtient autant de représentants que son chiffre électoral renferme de fois ledit quotient.

(1) Recours de MM. Émile Servet, Prévost, Roch, Nydegger, contre la décision du Grand Bureau du collège de la Ville de Genève (10 novembre 1898).

Recours de M. William Vogt contre la décision du Grand Bureau du collège de la Rive Gauche (11 novembre 1898).

Les voir dans le *Mémorial*, 1898-1899, tome I, p. 15 et 33.

Si le calcul de répartition laisse la députation incomplète, les députés restant à élire sont attribués aux listes ayant les plus fortes fractions.

Quelle conclusion ce texte permet-il de tirer ?

Un fait est hors de doute, c'est que, pour participer à la première répartition, il faut avoir obtenu le quotient.

Cette nécessité, disent les uns, ne disparait pas lorsqu'on en arrive à la deuxième répartition, qui, au fond n'est qu'une opération complémentaire de la première. Une règle unique doit s'appliquer au principal et à l'accessoire, en vertu de l'adage : *accessorium sequitur principale*.

Cette interprétation, répondent les autres, ajoute au texte de la loi. L'article 100 ne dit pas que dans la seconde répartition les sièges restant à pourvoir doivent être attribués *aux listes ayant obtenu le quotient et les plus fortes fractions;* il dit tout simplement qu'il faut les accorder *aux listes ayant les plus fortes fractions.*

Du reste, un fait démontre clairement que l'article 100 n'exige pas le quotient comme minimum de suffrages. La loi fribourgeoise de 1894 reproduit presque textuellement la loi genevoise de 1892. Or, ici, elle s'en écarte, précisément pour introduire cette disposition que « une liste n'a pas droit à la répartition, si son chiffre électoral est inférieur au quotient (1) ». Il semble donc en résulter que, si le législateur de Genève avait voulu admettre une

(1) Loi du 19 mai 1894, art. 60, § 3.

pareille solution, il l'aurait dit en termes explicites, comme l'a fait le législateur du canton de Fribourg.

Enfin, les travaux préparatoires de la loi montrent qu'en 1892 il s'est établi une lutte entre deux principes : d'une part, les logiciens à outrance voulaient la proportionnalité absolue, pour obtenir la représentation de toutes les nuances de l'opinion ; de l'autre côté, les hommes politiques plus avisés soutenaient le quorum, pour n'admettre que les partis ayant une certaine importance. De ces deux opinions, la première l'emporta et cela suffit pour prouver qu'aucun minimum de suffrages ne doit être exigé, pas même le quotient.

La majorité du Grand Conseil fut de cet avis. Elle trancha la question en ce sens qu'une liste a le droit de participer à la répartition, même sans avoir obtenu le quotient électoral. (1)

Au point de vue juridique, c'est une interprétation acceptable. Au point de vue politique, c'est une solution très contestable. Elle est susceptible d'engendrer un émiettement exagéré du corps électoral et la présentation utile de candidats peu sérieux. Ce danger était si généralement senti que nous voyons partisans et adversaires de la représentation proportionnelle s'accorder pour réclamer le quotient comme une condition nécessaire pour figurer à la répartition. La proposition de M. Rutty

(1) Séance du 12 novembre 1898 (*Mémorial 1898-99,* tome I p. 50-71).

du 1ᵉʳ février 1899 est venue leur donner satisfaction
sur ce point ; elle n'attend plus que la sanction du
législateur.

*
* *

La seconde difficulté d'application, à laquelle a
donné lieu la loi de 1892 aux élections de 1898, est
une conséquence de la première. M. Vogt ayant été
validé, la liste des libertins obtint un siège en ville
et un à la Rive Gauche. Mais M. Vogt étant candidat
unique et ayant opté pour la Rive Gauche, cela
laissait un siège vacant dans le collège de la Ville.

La loi de 1892 a bien prévu l'hypothèse, mais elle
ne lui donne pas une solution très nette. L'article 102
dit en effet : « Si une liste obtient plus de représentants qu'elle n'a présenté de candidats, le nombre
des sièges à pourvoir est distribué entre les autres
listes. On procède à cet effet à une nouvelle répartition proportionnelle. » Toute la question est de
savoir comment doit se faire cette nouvelle répartition ; c'est sur ce point que la loi est incomplète et
que sont nées les difficultés.

Faut-il procéder à une nouvelle répartition pour
l'ensemble des sièges attribués à la circonscription,
recommencer en somme tout ce qui a été fait ? Ou
bien, au contraire, la nouvelle répartition doit-elle
porter uniquement sur les sièges restant à pourvoir,
être considérée comme une seconde opération

indépendante de la première et faite snr la même base ?

Logiquement on devrait procéder à une nouvelle répartition totale, déduction faite des suffrages attribués à la liste qui est écartée pour insuffisance de candidats. Une distribution supplémentaire n'aurait pour effet que de favoriser les grands partis au détriment des groupes moins importants, surtout quand les sièges restant à pourvoir sont peu nombreux — et il en sera presque toujours ainsi parce qu'un parti présente généralement un nombre de candidats en rapport avec sa force présumée et qu'en outre l'institution de la suppléance l'oblige à en porter plus même qu'il n'espère en obtenir au moment de l'élection générale.

Cette solution, qui serait une base de modification satisfaisante pour la loi de 1892, fut indiquée par M. Sigg au Grand Conseil (1), et par M. Frey dans la *Tribune de Genève* (2).

Le Conseil d'État interpréta l'article 102 dans le sens opposé, et le Grand Conseil admit son interprétation (séance du 11 janvier 1899). Cette décision fut attaquée par le parti socialiste dans un recours adressé au Conseil fédéral (3). Ce recours a été rejeté en dernière instance.

L'article 102 a donc été interprété par trois auto-

(1) *Mémorial* 1898-99, tome I, p. 73.
(2) Numéro du 15 novembre 1898.
(3) En voir le texte dans la *Tribune de Genève* du 21 janvier 1899.

rités successives en ce sens que la nouvelle répartition porte seulement sur les sièges que l'insuffisance d'une liste a pu laisser vacants.

VI

LA DÉSIGNATION DES CANDIDATS ÉLUS

Sont élus dans chaque liste, jusqu'à concurrence du nombre auquel lui donne droit la répartition, les candidats qui ont obtenu le plus grand nombre de suffrages.

Dans le système de la loi genevoise, un candidat peut obtenir plus de voix qu'un autre, grâce à la radiation ou au panachage employés par les électeurs.

Par la radiation, l'électeur exprime ses préférences d'une manière négative, c'est-à-dire qu'en biffant les noms des candidats qui ne lui conviennent pas, il avantage indirectement ceux qu'il maintient sur sa liste ; il donne, en somme, une marque de préférence à rebours.

A la faculté de radiation reconnue par la loi genevoise, on a fait deux reproches.

D'abord, disait-on, la radiation ne servirait qu'à faire échouer les chefs de partis, en permettant à un petit nombre de votants de faire passer les queues de liste avant les têtes de ligne. Ce sont les citoyens les plus en vue qui ont le plus de contradicteurs ou d'ennemis. La faculté de radiation s'exercera principalement à leurs dépens.

A cela, on pouvait répondre que si 50 électeurs rayent les noms marquants d'une liste pour faire passer les autres candidats, il y en aura des centaines qui rayeront ces derniers pour faire passer les premiers. Dans ces conditions, la manœuvre prédite a beaucoup de chances pour ne pas réussir. En fait d'ailleurs, on n'a pas cherché à y recourir. Il semble même que les électeurs usent assez peu de la faculté qui leur est reconnue par la loi (1).

Le second reproche adressé à la radiation est plus sérieux. On a fait justement remarquer que, dans bien des cas, l'emploi de la radiation risque d'être inutile, car, en rayant les noms de certains candidats, l'électeur contribue néanmoins à leur succès : les noms rayés comptant comme suffrages de liste augmentent d'autant la part du groupe et par suite les chances d'élection pour tous les candidats de ce groupe.

C'est là un inconvénient qu'il paraît difficile de supprimer. (2).

* *

Le panachage est l'action d'électeurs qui votent sur la liste d'un parti pour un ou plusieurs candidats appartenant à d'autres partis.

(1) Voir à cet égard les constatations faites dans *la Tribune de Genève*, numéro du 17 novembre 1898.

(2) Sans doute, l'électeur peut éviter ce résultat en votant simplement pour des candidats, sans désigner un parti en tête de son bulletin ; mais alors sous peine de diminuer sa puissance électorale,

Il présente cet immense avantage d'accorder aux électeurs la plus entière liberté dans le choix de leurs représentants.

Malgré celà, on lui a trouvé deux défauts.

Le premier serait d'engendrer une manœuvre semblable à celle dont on faisait grief à la radiation : les électeurs d'un parti voteraient pour certains candidats peu marquants du parti adverse, dans le seul but de faire échouer les chefs du groupe, leurs adversaires les plus redoutés.

Pour déjouer cette manœuvre, on imagina le classement des suffrages panachés à leurs listes respectives ; toute voix donnée à un candidat compte à la fois pour ce candidat et pour le parti auquel il se rattache. Dans ces conditions, la manœuvre devient des plus dangereuses pour celui qui l'emploie, et aucun parti ne s'est hasardé à en recommander l'usage dans les élections.

Mais, indépendamment de toute manœuvre, le panachage présente un autre inconvénient ; il laisse à l'ensemble du corps électoral le droit de désigner les candidats qui appartient exclusivement aux électeurs d'un groupe. Ainsi les élus du parti radical doivent être les candidats radicaux qui ont obtenu le plus de voix radicales. L'intervention de panacheurs étrangers au parti radical aurait pour effet de

il devra porter autant de noms qu'il y a de députés à élire, car sur un bulletin sans désignation de liste, on considère comme nuls les noms laissés en blanc. — Cette nécessité imposée à l'électeur de porter une liste complète est un autre inconvénient.

modifier l'ordre de préférence et de faire élire des candidats qui ne seraient peut-être pas les plus populaires parmi les radicaux.

Cela prouve que le système proportionnel tend à représenter non des électeurs, des individus, mais surtout des groupes, des partis.

Étant donné ce caractère, on peut se demander s'il ne serait pas préférable de supprimer le panachage et la radiation, et de les remplacer par l'ordre de préférence ou système de la liste libre, qui s'occupe d'assurer la représentation des groupes bien plus que de respecter la liberté des électeurs (1).

*
* *

Nous savons en quoi consiste l'ordre de préférence. — Les électeurs votent les listes déposées en chancellerie, sans pouvoir y apporter la moindre modification. — Quand la répartition a déterminé le nombre de députés auquel chaque liste a droit, les premiers inscrits sont élus jusqu'à concurrence du chiffre fixé.

Proposé par l'Association réformiste en 1867, ce système était abandonné dès 1871 comme portant une atteinte trop grave à la liberté des électeurs.

Sans doute, on dit celle-ci respectée par le fait que le choix des candidats se fera dans une élection préparatoire du groupe. — Mais, pour cela, il faudrait

(1) Proposition de M. Dubois-Miéville (6 décembre 1890).

que tous les électeurs prissent part au scrutin préparatoire ; s'ils n'y viennent pas, comme c'est vraisemblable, les comités électoraux imposeront souverainement leur choix.

Et puis, cette nécessité pour les électeurs de voter une liste sans modifications possibles fait du système un véritable corset de force ; comme disait *Le Genevois*, « le vote populaire ne sera plus qu'une espèce d'addition en plusieurs colonnes où viendront se ranger les unités qui seront les citoyens (1). »

La radiation et le panachage ont ce mérite, sinon d'être plus logiques et plus simples, au moins d'être plus conformes à la liberté des électeurs dans l'exercice de leur vote. Le législateur genevois n'a pas mal fait de les admettre, malgré toutes les critiques qu'on leur a adressées et qu'ils méritent en partie.

*
* *

Peut-être aurait-il fait mieux encore en adoptant le vote cumulatif comme mode de vote préférentiel.

Dès 1875, l'Association réformiste recommandait ce procédé pour la rédaction des bulletins ; et, après la conférence internationale d'Anvers (août 1885), elle le faisait figurer jusqu'en 1890 dans tous ses projets de représentation proportionnelle.

Pourquoi l'a-t-elle abandonné à cette époque ? C'est qu'on trouvait déjà le système de la con-

____

(1) Numéro du 18 novembre 1895.

currence des listes assez compliqué sans l'adjonction du vote cumulatif, et des changements plus profonds aux habitudes électorales en firent craindre le rejet.

Le législateur du canton de Zoug, plus hardi que celui de Genève, adopta du premier coup le vote cumulatif.

Il faut l'en féliciter, car le vote cumulatif présente une supériorité indiscutable sur les autres procédés.

D'abord, il est un instrument d'une merveilleuse souplesse, permettant à l'électeur de graduer en quelque sorte ses préférences, de donner dix suffrages à ce candidat, cinq à cet autre, un à celui-ci, aucun à celui-là.

On objecte que son emploi dans le canton de Genève, avec des circonscriptions nommant 26, 34 et 40 députés, constituerait une source inépuisable de complications; mais on peut le simplifier en le limitant : par exemple, en n'autorisant que la triple répétition du même nom. (1)

On objecte que les candidats moins marquants pourraient obtenir un nombre de suffrages supérieur à celui des chefs de partis. C'est l'objection qu'on faisait à la radiation ; elle présente la même valeur.

D'un autre côté, l'un des principaux inconvénients du vote cumulatif, à savoir le manque de proportionnalité dans l'attribution des sièges aux différents partis, n'est plus à redouter, car ici le vote cumu-

---

(1) C'est ce que proposait en dernier lieu M. Alph. FREY, *Les lois suisses sur la représentation proportionnelle*, p. 52).

latif n'a aucune influence sur la répartition, il se présente comme un simple procédé d'élection, comme un mode de rédaction des bulletins, comme un moyen d'obtenir la proportionnalité à l'intérieur de chaque parti.

D'après la loi de 1892, les députés d'un parti sont désignés par la pluralité des suffrages, c'est-à-dire que la majorité du parti peut choisir seule tous les représentants. Le vote cumulatif introduirait entre les différents groupes d'un même parti la répartition proportionnelle que le quotient réalise entre les différents partis d'une même circonscription. Ce serait la représentation proportionnelle poussée jusqu'à ses dernières limites, et aucune raison ne paraît s'opposer à l'introduction de ce perfectionnement dans la loi genevoise de 1892.

VII

LE REMPLACEMENT EN CAS DE VACANCES

Quand une vacance se produit dans une assemblée élective pour une cause quelconque, on pourvoit en général au remplacement par des élections complémentaires.

Dans un système de représentation proportionnelle, celles-ci présentent une difficulté spéciale. Si on leur applique le principe de la majorité, on rompt toute l'harmonie du système. Si on les soumet à la règle de la proportionnalité, on risque fort de détruire l'équilibre entre les différents groupes. En effet, du moment que tous les partis concourent à l'élection complémentaire, ceux que les vacances n'ont point diminués verront leur part s'accroître au détriment de ceux qui ont leur députation à compléter : l'exacte proportion peut être singulièrement compromise.

Si on pouvait assurer au parti qui a perdu un ou plusieurs représentants, le droit exclusif d'élire leurs remplaçants, ces dangers n'existeraient pas. Mais il est évident que le moyen légal d'arriver à un pareil résultat fait défaut et que le plus simple est de décréter la suppression des élections complémentaires.

Est-ce à dire pour cela qu'on laissera vacants jusqu'au renouvellement de l'assemblée, les sièges qui viennent de perdre leurs titulaires ? Nullement. L'Association réformiste proposait dès 1867 et le législateur adopta en 1892 un moyen fort ingénieux de pourvoir aux remplacements : c'est l'institution de la suppléance.

L'article 108 disposait : « Lorsque dans l'intervalle de deux élections ordinaires du Grand Conseil, il y a vacance d'un ou de plusieurs sièges par suite d'option, d'invalidation, de non acceptation, de démission ou de décès, le ou les candidats qui ont obtenu à l'élection générale le plus de suffrages après le dernier élu de la liste où la vacance s'est produite, sont élus en remplacement. »

En conséquence, dans les procès-verbaux dressés pour constater le résultat des élections dans les différents collèges du canton, les candidats non élus de chaque liste sont inscrits d'après l'ordre de leurs suffrages, à l'effet de pourvoir aux cas de remplacement ; ce sont des représentants éventuels destinés à devenir députés au fur et à mesure des vacances produites. De cette façon, l'exacte proportion entre les partis se maintient pendant toute la durée d'une législature.

La suppression des élections complémentaires résulte donc comme une conséquence logique du principe de la proportionnalité.

Cependant, il est un cas où leur nécessité s'impose ; c'est l'hypothèse où les suppléants viennent à manquer. Elle sera peu fréquente, car les partis prendront leurs dispositions pour avoir un nombre suffisant de remplaçants ; la loi de 1892 ne l'a même pas prévue. Elle s'est produite cependant aux élections de 1898, la liste des libertins ayant présenté un seul candidat, qui fut élu. Pour éviter cet inconvénient à l'avenir, une proposition de M. Rutty, (1er février 1899) est venue demander que toute liste porte au moins cinq candidats éligibles ; il y a de grandes chances pour qu'elle passe prochainement dans la législation électorale du canton de Genève.

Si, malgré cela, il arrive encore que des listes soient épuisées, force sera bien de recourir aux élections complémentaires ; mais, en dehors de ce cas, leur suppression reste la règle.

Par une bizarre contradiction, le législateur de 1892, après avoir posé le principe, s'empresse d'y déroger dans l'article 108 *in fine* : « Si le nombre des sièges à pourvoir dans un même collège dépasse 8 à la Rive Gauche, 7 à la Ville et 4 à la Rive Droite, le Conseil d'Etat fait procéder à une élection complémentaire. »

Comme motif à l'exception on invoquait cette considération qu'alors les vacances étaient assez importantes pour justifier une élection nouvelle, et que d'ailleurs il était excessif de ne pas consulter le corps électoral pendant toute la durée d'une législature, soit une période de trois ans.

Le Conseil d'État disait, à ce propos, dans son rapport du 15 août 1892: « Il ne serait pas possible de conserver comme candidats éventuels pendant toute une législature les citoyens dont les noms sont sortis de l'urne électorale avec un nombre quelconque de suffrages ». En effet, les derniers candidats des listes secondaires ont un chiffre de voix qui ne dépasse guère de 200 à 300 ; c'est peu dans des collèges qui ont de quatre à six mille votants.

La disposition de l'article 108 *in fine* devait engendrer une difficulté d'application aux élections du 10 novembre 1895.

Certains députés ayant été nommés dans plusieurs collèges, leur option eut pour conséquence d'élever à onze le nombre des sièges à pourvoir dans le collège de la Ville. Or, nous savons que sept vacances suffisent dans ce collège pour motiver une élection complémentaire. L'application de l'article 108 ne devait souffrir, semble-t-il, aucune difficulté.

Elle en souleva pourtant. L'article débutant par ces mots : Lorsque dans l'intervalle de deux élections ordinaires du Grand Conseil il y a vacance...., on en concluait généralement qu'il visait les vacances survenant au cours d'une législature. « Les options qui suivent une élection ordinaire, disait le *Genevois,* ne sont que la conséquence de cette élection et doivent être considérées comme faisant partie de .'opération générale (1) ».

En 1895, le Grand Conseil se rangea à cette interprétation et proclama élus les candidats éventuels des listes où figuraient ceux qui venaient d'opter.

Un recours (2) fut intenté contre cette décision, comme étant contraire à l'esprit et à la lettre de la loi.

D'après les recourants, la volonté évidente du législateur de 1892 avait été d'admettre les élections complémentaires, chaque fois que les vacances dépasseraient les limites prévues, sans qu'il y ait à distinguer si l'on était au début ou au cours de la législature. La preuve, c'est qu'on avait voulu éviter ainsi la nomination de candidats ayant un trop petit nombre de suffrages.

Du reste, la plupart des cas prévus par l'article 108 : option, invalidation, non acceptation, se produisent

(1) Numéro du 22 novembre 1892.

(2) Recours électoral intenté le 23 novembre 1895 par MM. Alph. Frey, Émile Ador, Cherbuliez, notaire, Raisin, avocat, Roguin, professeur.

au moment de la constitution du Grand Conseil et non une fois que ce corps est constitué.

Le Grand Conseil se déclara incompétent pour trancher la question, mais le Conseil d'Etat proposa le 15 janvier 1896 une modification destinée à donner à la loi plus de clarté sur ce point.

Son projet, amendé par la commission, est devenu la loi du 25 janvier 1896, ainsi conçue :

Art. 108. — Tout député élu dans plusieurs collèges doit, dans la séance constitutive du Grand Conseil, opter pour l'un des Collèges.

Art. 108 *bis*. — Lorsqu'à la séance constitutive du Grand Conseil, il y a, pour un motif quelconque, vacance d'un ou plusieurs sièges dans un ou plusieurs collèges, le ou les candidats qui ont obtenu le plus de suffrages, après le dernier élu de la liste où la vacance s'est produite, sont élus en remplacement.

Toutefois, ces candidats doivent avoir réuni au moins la moitié plus un de la moyenne des suffrages valables obtenus par les candidats de la liste à laquelle ils appartiennent. Dans le cas contraire, le Conseil d'État doit faire procéder à une élection complémentaire.

Art. 108 *ter*. — Lorsque, dans le cours d'une législature, il y a vacance d'un ou de plusieurs sièges, le ou les candidats qui ont obtenu à l'élection générale le plus de suffrages, après le dernier élu de la liste où la vacance s'est produite, sont élus en remplacement, s'ils ont réuni au moins la moitié plus un de la moyenne des suffrages valables obtenus par les candidats de la liste à laquelle ils appartiennent.

Toutefois, il y a lieu de procéder à une élection complémentaire, soit si la liste est épuisée, soit si le nombre des sièges à pourvoir dépasse 8 à la Rive gauche, 7 à la Ville et 4 à la Rive droite.

Le premier soin de la loi de 1896 est de distinguer les deux hypothèses que la loi de 1892 avait confondues.

Avant de les examiner, il faut préciser le sens des expressions : la moitié plus un de la moyenne des suffrages valables obtenus par les candidats de la liste à laquelle ils appartiennent.

Le meilleur moyen de les éclairer est de prendre un exemple. Supposons qu'un groupe présente à l'élection principale six candidats qui obtiennent respectivemant 600, 550, 500, 450, 70 et 50 suffrages. La moyenne de ces nombres, c'est-à-dire leur somme divisée par 6, donne 370, dont la moitié est 185.

Par conséquent, tout suppléant qui n'aura pas au moins 186 voix ne pourra être élu ; dans notre exemple, les deux derniers ne le seraient point.

Cela posé, voyons les deux cas prévus par la loi de 1896.

Première hypothèse. — La vacance se produit à la séance constitutive du Grand Conseil.

Elle donnera lieu au remplacement par suppléance.

Si les candidats éventuels n'ont point obtenu le *quorum* exigé, le Conseil d'État doit faire procéder à une élection complémentaire.

Si la liste ne contient pas assez de candidats pour pourvoir aux sièges vacants, on retombe alors dans le domaine de l'article 102, c'est-à-dire dans une seconde répartition entre toutes les autres listes.

Deuxième hypothèse. — La vacance se produit au cours de la législature.

En principe, on applique la règle de la suppléance.

Par exception, il sera procédé à une élection complémentaire : 1° si les suppléants n'ont point le minimum de suffrages requis ; 2° si la liste est épuisée, si les candidats éventuels font défaut ; 3° si le nombre des sièges à pourvoir dépasse le nombre qui avait déjà été fixé en 1892.

Bien entendu, quand une élection complémentaire a lieu, les résultats qu'elle fournit se substituent à ceux des élections qui l'ont précédée. En cas de vacances, on prend les suppléants parmi les candidats qui ont figuré à la dernière élection, et non parmi ceux qui ont été portés à l'élection primitive. — La loi ne le dit pas en termes explicites, mais cela résulte clairement du rapport de la commission (1).

Par cette analyse des modifications apportées en 1896 à la loi organique sur la représentation proportionnelle, il est facile de se rendre compte que l'introduction d'un quorum pour les suppléants va multiplier le nombre des élections complémentaires, c'est-à-dire les chances de rompre l'équilibre entre les différents partis. C'est là un immense inconvénient.

Par contre, l'innovation a cet avantage d'empêcher l'élection, par voie de remplacement, de représentants ayant un nombre de suffrages dérisoires.

L'avantage compense-t-il l'inconvénient ? Peut-être.

____

(1) *Mémorial*, 1895-96, annexe, page 103.

En tout cas, il eût été plus logique d'admettre les élections complémentaires là seulement où leur nécessité s'impose, à savoir dans l'hypothèse où les suppléants font défaut.

La loi de 1896 marque, en somme, la revanche des partisans du quorum sur les partisans de la proportionalité pure. Elle a du reste été suivie en cela par la proposition de M. Rutty (1).

C'est un obstacle de plus à l'émiettement que les élections de 1898 semblent avoir dévoilé comme un danger possible du principe proportionnaliste.

VIII

APPRÉCIATION GÉNÉRALE sur le SYSTÈME GENEVOIS DE REPRÉSENTATION PROPORTIONNELLE

On a fait à la loi de 1892 et au système qu'elle consacre deux grands reproches.

1° Elle n'assure pas la liberté complète des électeurs, parce qu'elle se préoccupe des groupes bien plus que des individus.

2° Elle permet certaines manœuvres et entraîne

(1) Nous avons examiné séparément ses principales dispositions Il est bon de les présenter ensemble pour montrer le lien qui les unit.

1° Toute liste déposée doit être revêtue de 20 signatures au moins.

2° Elle doit contenir au minimum 5 candidats éligibles.

3° Pour avoir droit à la répartition, une liste doit atteindre le quotient électoral.

des complications qui sont susceptibles de fausser le bon fonctionnement du mécanisme.

Ces deux griefs sont en partie fondés.

*
* *

Tout d'abord, il est certain que la loi de 1892 n'assure point la liberté électorale entière. C'est là, du reste, un défaut inhérent au système de la concurrence des listes.

L'élection représentative est une délégation de pouvoir, qui suppose la liberté des suffrages, et qui a pour but de substituer à l'ensemble des électeurs uu corps restreint de députés. Elle doit donc être à la fois personnelle et proportionnelle.

Or, de ces deux caractères, le système de la concurrence des listes ne reproduit guère que le second ; il fournit avant tout la représentation proportionnelle des partis et non la représentation personnelle des électeurs.

M. Naville lui-même le reconnaissait : « La représentation proportionnelle a l'inconvénient de maintenir la division des électeurs en divers partis, au lieu de laisser les suffrages se réunir d'une manière absolument libre sur les candidats. Cet inconvénient est prodigieusement atténué par le fait que les partis peuvent se former en nombre indéterminé; il subsiste cependant à quelque degré » (1).

(1) *La question électorale en Europe et en Amérique*, 1871, p. 192.

Seul, le système du quotient permet d'obtenir, en même temps qu'une répartition proportionnelle des sièges, la pleine liberté des électeurs.

Là, en effet, chaque citoyen désigne les candidats de son choix et les range suivant l'ordre de ses préférences ; pour obtenir un représentant, il n'est pas nécessaire qu'il se rattache à un parti politique déterminé, il lui suffit d'être d'accord avec un nombre de ses concitoyens égal au quotient ; par là aussi, chaque groupe obtient un chiffre de députés en rapport avec son importance numérique. C'est la représentation idéale : personnelle dans sa base, proportionnelle dans son résultat.

Aussi le premier système exposé par l'Association réformiste était celui du quotient (1); et, plus tard, M. Naville, tout en recommandant pour son pays le système de la concurrence des listes, ne cachait pas ses préférences théoriques pour l'autre procédé (2).

Quoiqu'il en soit, le système Andrœ-Hare n'eut jamais une bien grande vogue dans le canton de Genève ; il constituait une modification trop profonde aux habitudes suivies. Le système des listes concurrentes paraissait plus en rapport avec la

(1) Il fut recommandé par M. Naville, dans son rapport du 21 nov. 1865, sur la réforme du système électoral, et organisé par M. Rivoire dans la *Pratique du nouveau système électoral*, (système pur du quotient), 20 mars 1866.

(2) Voir, dans *La Question électorale en Europe et en Amérique*, la 4e partie intitulée : *Théorie et pratique des élections représentatives*, p. 195 à 241.

pratique du scrutin de liste, et à partir de 1867, il fut seul proposé par les réformistes.

La question se posait alors de savoir si le système était totalement inconciliable avec l'indépendance des électeurs.

On le crut au début quand on adopta l'ordre de préférence. Mais on reconnut vite qu'il y avait là une atteinte trop grave à la liberté des électeurs, et on s'empressa de restituer aux citoyens la faculté de radiation et de panachage.

Le législateur de 1892 n'a fait que consacrer définitivement ce résultat en repoussant le système de M. Dubois-Miéville pour adopter le projet de M. Frey.

Néanmoins, son œuvre porte l'empreinte de la lutte continuelle entre ces deux principes opposés, l'indépendance absolue des électeurs d'une part, et de l'autre leur rattachement forcé à un parti déterminé. Finalement, la loi de 1892 apparaît comme une transaction, où chacun des deux principes l'emporte tour à tour.

D'une manière générale, le caractère proportionnel domine l'élément personnel ; la représentation des groupes passe avant celle des individus.

Toute une série de dispositions en découle. D'abord le fait que les listes sont officiellement présentées par les partis politiques ou groupes d'électeurs ; qu'en conséquence, tout candidat ne figurant pas sur les listes officielles ne peut être valablement élu ; qu'à l'inverse, toute voix accordée à un candidat figurant sur une liste officielle compte en même temps pour un suffrage au parti qui l'a présenté. Ce sont là autant de restrictions à l'indépendance des électeurs, autant de causes qui peuvent dénaturer la libre expression de leur volonté. Il faut encore signaler dans cet ordre d'idées la suppression déguisée des candidatures communes.

D'autres dispositions montrent qu'on veut obtenir avant tout l'exacte proportionnalité, par suite la représentation de partis. L'introduction des suffrages de liste, qui permet, sans désigner un seul candidat, d'attribuer à un parti (à condition toutefois d'indiquer sa dénomination en tête du bulletin) un nombre de suffrages égal à celui qu'on obtiendrait en choisissant nominativement autant de candidats qu'il y a de députés à élire. — L'institution de la suppléance, qui fige en quelque sorte la représentation pour toute une législature, dans le but unique de ne point rompre l'équilibre établi entre les divers groupes. — Le fait qu'une liste peut obtenir plus de sièges qu'elle n'a présenté de candidats. — Enfin, l'énorme différence de voix qui peut exister entre les candidats élus. Prenons, au hasard, le résultat des élections de 1895, dans le collège de la ville de Genève : nous y voyons un radical-libéral échouer avec 1.914 suffrages, et un indépendant élu par 262 voix ; à côté, dans la Rive droite, ce sera un socialiste nommé avec 275 suffrages, et un radical blackboulé avec plus de 1.300 voix.

Notez que c'est là non point un fait exceptionnel, mais une conséquence normale du système ; on la retrouve à n'importe quelle date et dans n'importe quel collège.

Au premier abord, cela semble étrange, presque révoltant. — Allez faire comprendre aux électeurs un pareil résultat, s'écriaient les partisans du système majoritaire. — Les proportionnalistes répondaient : dans votre système, il y a des candidats qui ne passent pas au collège de la Ville avec 5.000 voix, et d'autres qui passent à la Rive droite avec 2.500 suffrages.

A mon sens, la réponse n'a pas grande valeur. Ici, la différence existe de collège à collège, tandis que de l'autre côté elle se manifeste de groupe à groupe dans l'intérieur d'une même circonscription.

La réponse à l'objection me paraît plus simple. Il suffit de constater qu'il n'y a point d'autre moyen d'assurer la proportionnalité, et qu'il faut choisir entre la représentation personnelle des individus ou la représentation mathématiquement exacte des groupes.

Les restrictions apportées par la loi de 1892 à l'indépendance des électeurs ont en effet pour unique motif la nécessité, la force des choses. Aussi, chaque fois qu'il est possible de garantir sans inconvénients le libre exercice du droit de vote, le législateur ne manque pas de le faire. La preuve en est dans le maintien de la radiation et du panachage, malgré les critiques adressées à ces deux procédés comme devant être une occasion de manœuvres et une source de complications.

* *
*

Nous passons ici au second reproche qu'on adressait à la loi organique.

Bien des manœuvres avaient été prédites quant à la votation, bien des complications quant au dépouillement. A en croire les adversaires de la proportionnelle, son application devait donner lieu à des difficultés sans nombre. Ces prédictions sinistres n'ont été confirmées par l'expérience que dans une assez faible mesure.

Les premières élections faites en 1892 furent très favorables au système. Dans la séance du 31 mai 1893, M. Gavard, l'un des chefs les plus éminents du parti radical, déclarait n'avoir jamais vu dans sa vie politique « de manifestation populaire aussi digne et, en somme, aussi imposante par ses résultats... Nous avons vu, disait-il, les partis marcher au scrutin dans un ordre parfait, avec une discipline rare, éliminer d'emblée et d'avance toutes les petites manœuvres qui auraient été susceptibles de modifier et de fausser le résultat de la consultation populaire. » (1)

— La seconde application du système, faite aux élections de 1895, fut moins satisfaisante. Quelques imperfections se dévoilèrent dans les dispositions de la loi relatives aux élections complémentaires.

Le remède était bien simple ; il suffisait d'éclaircir

(1) *Mémorial*, 1892-93, p. 871.

la loi sur les points obscurs, de modifier les articles défectueux. C'est ce qu'est venue faire la loi du 25 janvier 1896. Cela ne prouvait absolument rien contre le système.

Les élections de 1898 donnèrent lieu à de nouvelles difficultés.

Le quotient est-il nécessaire pour figurer à la répartition ? Comment doit se faire l'attribution des sièges laissés vacants par l'insuffisance d'une liste ? Autant de questions sur lesquelles la loi était muette ou ambiguë, et qui furent tranchées en des sens opposés.

La commission, qui examine en ce moment la proposition de M. Rutty, viendra modifier la loi sur ces points et sur d'autres encore (1).

Remarquons une fois de plus que les difficultés tiennent simplement à une rédaction défectueuse de la loi. Elles ne prouvent rien contre l'application du système ; *a fortiori,* n'ont-elles aucune force contre le principe.

M. Rutty le disait avec grande raison. « Les rouages ont un peu grincé, les questions soulevées ont montré que cette loi était, comme toutes les lois de ce monde, les lois électorales surtout, très loin d'être parfaite, mais qu'elle pouvait être améliorée (2). »

---

(1) Par exemple : la forme extérieure des listes, l'option des candidats communs, l'introduction d'un *quorum* de 5 °/₀, la multiplication des lieux de vote, peut-être aussi la suppression du panachage, etc.

(2) Il n'est pas inutile de rappeler que la loi tessinoise, votée en 1891, a été modifiée en 1892, que celle de Neuchâtel l'a été en 1894. La

D'ailleurs, suivant le mot profond de Jules Simon (1),
« pour apprécier une loi, ce n'est pas à l'idéal qu'il
convient de la comparer, mais à la réalité qu'elle
remplace. »

M. Gavard s'inspirait de cette parole, lorsque,
en 1896, il adressait au Grand Conseil cette vibrante
péroraison : « On dira que la proportionnelle est un
casse-tête chinois, on dira qu'elle peut conduire à
certaines difficultés d'interprétation légale. Il n'y a,
Messieurs, qu'à corriger la loi organique actuellement en vigueur. Mais nous ramener au système
majoritaire avec ses injustices, ses imperfections,
avec la possibilité de majoriser une fraction importante du pays sans lui accorder même la garantie
légale d'une représentation au Grand Conseil, je dis
que ce serait consacrer le retour à une véritable
iniquité électorale ; et, quant à moi, j'avoue que je
n'y prêterai pas la main et que je n'y accorderai pas
mon vote (2). »

representation proportionnelle apparaît ainsi comme une matière
qu'il n'est pas facile de bien régler du premier coup et sans tâtonnements.

(1) *Séances et travaux de l'Académie des sciences morales et
politiques*, décembre 1883, p. 886.

(2) *Mémorial*, 1895-96, tome I, p. 168.

RÉSUMÉ & CONCLUSION

I

La substitution dans le régime électoral du principe proportionnel au principe majoritaire était motivée à Genève par des considérations, à la fois théoriques et pratiques, que les réformistes précisèrent de bonne heure, et qu'on peut ramener à une courte série d'antithèses. Ils disaient :

1° Le système majoritaire est contraire à l'égalité, parce qu'il laisse sans représentants et prive ainsi de toute influence sur les affaires publiques une partie considérable des citoyens.

Le système proportionnel est conforme à l'égalité, parce qu'il accorde aux électeurs une part égale dans la nomination des représentants et une influence identique sur la gestion des affaires pnbliques.

2° Le système majoritaire est contraire à la vérité, parce que l'Assemblée ne représente pas la nation, que le pays légal ne concorde pas avec le pays vrai.

Le système proportionnel est conforme à la vérité,

parce qu'il fait de l'assemblée une photographie de la nation et qu'il assure ainsi l'accord des conseils électifs et du corps électoral.

3° Le système majoritaire est contraire à la liberté, parce qu'il divise fatalement le peuple en deux partis exclusifs, parce qu'il force les électeurs à voter pour les candidats désignés par les comités de ces deux partis.

Le système proportionnel est conforme à la liberté, parce qu'il permet à toutes les opinions de se manifester, à toutes les voix de se faire entendre, à tous les électeurs de choisir souverainement entre les différentes listes et les divers candidats qui leur sont présentés.

4° Le système majoritaire entraîne l'abaissement de l'ordre politique, parce qu'il ferme la porte des assemblées aux représentants des minorités et se prive ainsi des lumières qu'ils pourraient apporter dans les discussions.

Le système proportionnel relève le niveau des assemblées parlementaires, parce qu'il introduit dans les conseils les représentants de tous les intérêts, les défenseurs de toutes les opinions, les hommes les plus influents et les plus capables.

5° Le système majoritaire est contraire à la paix, parce qu'il dépose dans l'élection un germe artificiel de luttes.

Le système proportionnel est conforme à la paix, parce qu'il écarte l'excitation factice des passions politiques.

**
* *

Au point de vue de la justice et de la vérité, il est incontestable que le système proportionnel assure, dans les limites du possible, la représentation de tous et fait de l'assemblée l'image réelle du pays. — Pour s'en convaincre, il suffit de jeter les yeux sur les résultats des trois élections genevoises de 1892, 1895 et 1898 (1). On y verra que la représentation proportionnelle réalise ce qui peut être considéré comme l'idéal démocratique : le respect des droits de chacun procurant une assemblée qui donne la reproduction fidèle de la volonté nationale.

Aux yeux des réformistes, tout est là. Qu'il y ait ou non une majorité de gouvernement, ferme et durable, peu leur importe. Si cette majorité n'existe pas dans le corps électoral, elle ne doit pas exister dans le corps élu ; ou bien la souveraineté nationale est un vain mot. La démocratie représentative doit assurer le gouvernement du peuple par le peuple et non l'omnipotence d'un parti directeur.

On reproche à cette conception d'être essentiellement formaliste et doctrinaire, de mener tout droit à l'anarchie.

Certes, c'est beaucoup trop dire. Avec le régime proportionnel, la majorité, au lieu d'être immuable, sera mobile et variable ; les questions seront étudiées

(1) Voir l'appendice.

pour elles-mêmes ; au lieu d'avoir une assemblée de partis, on aura un parlement d'affaires. Où est le mal ?

Là où le pouvoir exécutif ne dépend pas du pouvoir législatif par la mise en jeu de la responsabilité ministérielle, le besoin d'une fixe et solide majorité ne se fait guère sentir.

Et puis les adversaires de la représentation proportionnelle lui reprochent à tort l'absence de majorité. Nous avons vu qu'elle tient à la situation spéciale du canton de Genève. Nous avons vu aussi que le même résultat se produisait avec le système majoritaire (1), et que les élections de 1898 paraissent avoir très nettement dégagé la prépondérance des partis de gauche (2).

Ce fait démontre que la représentation proportionnelle est un instrument de précision, un baromètre sensible, indiquant avec exactitude les variations de l'opinion publique. M. Ador le disait en excellents termes : « Elle n'a pas pour but de donner la majorité aux gens qui ne l'ont pas dans le pays, elle a pour but de mettre la majorité où elle est et de permettre, à côté de cette majorité, à toutes les opinions d'être représentées proportionnellement à leur force, de manière qu'elles puissent contrôler utilement l'action gouvernementale » (3).

C'est encore là un grand avantage de la représen-

----

(1) Le Grand Conseil de 1890-1892, élu sous le régime majoritaire, ne renfermait qu'une majorité politique de 2 à 3 voix.

(2) 52 voix contre 42.

(3) *Mémorial*, 1898-1899, tome I, p. 272.

tation proportionnelle; elle permet la libre constitution des partis politiques. Les différentes tendances qui partagent le pays se manifestent sans contrainte, et l'on ne voit plus ce dualisme mensonger et forcé que la lutte pour la vie engendrait dans le système majoritaire.

L'abolition de tout quorum, votée en 1892, le fait de n'exiger pas même le quotient, comme l'a décidé le Grand Conseil dans l'interprétation de la loi organique (1), poussent jusqu'aux dernières limites la faculté laissée à toutes les opinions de se faire entendre. L'expérience a prouvé qu'elles savaient en profiter. C'est peut-être une exagération qu'il faudra corriger, et la proposition de M. Rutty (1er février 1899) montre bien qu'on y a pensé. Mais de là à l'émiettement prédit, il y a loin.

Le morcellement indéfini semble peu probable, pour cette excellente raison que la représentation proportionnelle ne crée pas les divisions politiques, mais les constate simplement. La grosse erreur des anti-proportionnalistes a été de ne pas voir que celles-ci sont dues à des divergences d'intérêts et de vues, qu'elles peuvent se produire sous le régime majoritaire, qu'il leur est possible de cesser, même avec le système de la proportionnalité. — La preuve, c'est que les radicaux-nationaux qui, en 1890, s'étaient séparés avec éclat du grand parti radical-

---

(1) Séance du 12 novembre 1898. Voir, à propos de la répartition, la discussion relative au cas de M. Vogt.

libéral, sont rentrés dans son sein en 1895, dès que les motifs de dissension se sont évanouis.

La constitution indépendante et autonome des différentes opinions est un bien, et la représentation proportionnelle l'a immédiatement réalisé. Au lieu de partis formés au moyen de coalitions et de compromis par la réunion de groupes à tendances similaires, on a des partis se présentant seuls, avec leur politique personnelle et un programme clairement défini.

La première application de la représentation proportionnelle en 1892 a séparé les catholiques des démocrates, les ouvriers des radicaux. Rien ne les empêche de s'allier dans le parlement pour les décisions à prendre ; mais on ne les voit plus dans la mêlée électorale combattre côte à côte avec des listes communes et des programmes identiques ; on ne voit plus les citoyens réduits à nommer des candidats qui, à leur égard, n'auront de représentants que le nom ; on ne voit plus les électeurs contraints par la rigoureuse discipline des comités rivaux.

A ce dernier point de vue, cependant, il ne faudrait point croire que les électeurs ont recouvré une indépendance absolue. La représentation proportionnelle a réduit les comités à leur rôle normal : ils présentent à la sanction du peuple les noms des candidats, ils ne les imposent plus. — Cela ne les empêche point de conserver encore une grande influence, et rien ne peut la supprimer. Il y aura toujours des hommes remuants qui entraîneront les indifférents, des hommes influents qui décideront les hésitants, des hommes compétents qui dirigeront les incapables, et il faut bien l'ajouter aussi, des politiciens qui s'imposeront à la masse apathique. — Seulement, les électeurs ont dans la radiation une arme redoutable ; d'un simple coup de crayon, et — différence fondamentale avec le système majoritaire — sans nuire à leur parti, ils peuvent écarter sans pitié ceux qu'ils jugent indignes de les représenter.

Cette liberté, que l'autonomie des groupes accorde aux électeurs, se changerait, d'après les adversaires de la représentation proportionnelle, en une étroite dépendance pour les candidats élus. Ceux-ci seraient liés par une sorte de mandat impératif vis-à-vis de leurs commettants.

Erreur profonde. Parce que les candidats seront plus sincères dans leurs proclamations, seront-ils pour cela moins libres dans leurs décisions ? Parce qu'ils se seront moralement engagés à soutenir tel projet, à demander telle réforme, abdiqueront-ils leur indépendance pour toutes les autres questions qui peuvent se soulever au cours de la législature ?

Le mandat impératif est resté un fantôme.

Il en a été de même pour la prédominance des intérêts particuliers sur l'intérêt général. On n'a pas vu ce développement des égoïsmes, ce déchainement des convoitises, cette floraison d'idées étroites et personnelles, que prédisaient les adversaires de la proportionnelle (1).

(1) On peut tout au plus signaler, dans les élections de 1898, l'appel aux électeurs cyclistes, et aussi, à la rigueur, la constitution du groupe de l'alimentation.

Sans doute, les électeurs pourront choisir des candidats qui leur promettent des satisfactions matérielles immédiates, mais c'est une tendance à laquelle sont assez enclines les masses populaires. Sans doute, les députés seront bien souvent entrainés par des considérations de parti, mais c'est un sentiment parfois très légitime, en tous cas inhérent aux luttes politiques. Les réformistes ne se sont jamais assigné pour tâche de transformer la nature humaine, et la représentation proportionnelle n'est point une panacée universelle destinée à guérir tous les maux de la société.

Son principal et presque son unique but, c'est d'assurer la réalisation de tous les avantages qu'offre le gouvernement représentatif, en première ligne la discussion sérieuse et éclairée des questions à résoudre.

Pour cela, il faut que tous les citoyens soient représentés dans l'assemblée par des hommes qui ont leur confiance et qu'ils jugent les plus capables de défendre les intérêts du pays. S'il est vrai, comme le soutient Montesquieu, que le peuple est très apte à bien choisir ses représentants, encore faut-il accorder à tous les citoyens cette faculté de se faire représenter. Par là même, la représentation proportionnelle serait un instrument de relèvement politique. Sans doute, on a dit que, par l'emploi de la radiation et du panachage, les chefs de parti seraient systématiquement écartés. L'expérience a démontré qu'il y avait là des manœuvres faciles à concevoir;

ou même à réaliser dans une élection fictive comme l'essai du 13 décembre 1891, mais que dans une élection sérieuse elles ne pouvaient se produire, que les plus éclairés et les plus influents seraient toujours les premiers élus.

Un dernier bienfait que les réformistes attendaient de la représentation proportionnelle était la fin des luttes ardentes qui marquaient chaque période électorale.

Certes, il serait difficile de contester le caractère pacificateur de la réforme : chacun ayant sa place au soleil, la lutte devient moins âpre et moins brutale ; la question de vie ou de mort ne se dresse plus redoutable devant les partis aux abois ; ils sont sûrs d'avoir une représentation proportionnelle à leurs forces, et traversent plus calmes, plus dignes, la mêlée électorale.

Mais cela ne fait disparaître ni le parti pris, ni les combats acharnés ; les réformistes le savaient bien, et ils ne l'avaient pas caché.

M. Naville écrivait déjà en 1871 : « Les passions suivront leur cours, la lutte des intérêts continuera ; les faiblesses, les misères et les violences du cœur humain menaceront encore la marche de la société ; les vices de l'organisation politique étrangers au système électoral continueront à produire leurs fruits malfaisants ; mais il n'existera plus, dans l'institution même qui est le lien de chaque citoyen à la marche de l'État, un germe de luttes artificielles et de passions factices. » (1)

(1) *La question électorale en Europe et en Amérique*, p. 191.

*
* *

Ainsi donc, il ne faut rien exagérer ; et, si la représentation proportionnelle est un progrès certain, elles ne mérite point les honneurs que certains réformistes lui prodiguaient avec un peu trop d'enthousiasme. Sous leur plume ou dans leur bouche on sent la forte conviction de l'apôtre qui veut imposer sa foi. C'était peut-être nécessaire pour lutter contre le parti-pris haineux de leurs adversaires, contre l'indifférence de la masse qu'il fallait persuader ; mais ce n'est pas un gage d'appréciation impartiale.

Les proportionnalistes ont souvent exagéré l'importance de la réforme qu'ils préconisaient, et, à l'inverse, ils ont grossi les inconvénients du régime dont ils revendiquaient la disparition ; leurs adversaires leur ont plus d'une fois reproché de raisonner sur les cas extrêmes : la lutte sanglante des partis, l'exclusion totale des minorités, la tyrannie de la majorité.

Cependant, à l'origine, le système majoritaire engendrait bien toutes ces conséquences. Plus tard, sous la pression des mœurs et de l'opinion, les partis en arrivèrent à un régime assez libéral de concessions et de compromis. Mais le souvenir du passé restait dans les esprits, et l'on n'oubliait pas que le principe majoritaire laissait possible le retour d'événements semblables.

C'est pour les empêcher à tout jamais de se

reproduire qu'on réclamait la reconnaissance officielle de la proportionnalité. On voulait rendre obligatoire ce qui était seulement facultatif, donner la sanction légale aux améliorations qu'avaient introduites les mœurs et l'opinion publique.

La représentation proportionnelle est venue transformer le fait en droit. C'est peu selon les apparences. C'est beaucoup, si l'on tient compte de ce fait que le système majoritaire s'était amendé sous l'influence de l'idée de justice qui est à la base de la représentation des minorités.

Du reste, quand la représentation proportionnelle n'aurait apporté qu'une sincérité plus grande et un fonctionnement plus régulier dans les institutions représentatives, quand elle n'aurait fait que favoriser l'introduction et consacrer le maintien des améliorations apportées au système majoritaire, ce serait déjà un immense mérite ; et ce serait une raison suffisante pour en demander l'introduction dans les pays qui ne la possèdent pas encore.

II

En France, la demande a été faite par plusieurs propositions de lois (1). Au point où nous en sommes arrivés, il nous sera facile de conclure quel accueil il convient de leur faire.

(1) Pour les élections législatives :
Proposition de MM. Dansette et Le Gavrian portant rétablissement du scrutin de liste et organisation de la représentation proportion-

*
* *

Si l'on se place sur le terrain des principes, le doute ne paraît guère possible. La représentation proportionnelle seule est compatible avec la conception démocratique du gouvernement représentatif.

Avec le système majoritaire, la grosse moitié des électeurs est privée de représentants (1); l'égalité se trouve détruite, le suffrage universel devient un mot dépourvu de signification.

L'essence de la démocratie est de donner à tous les citoyens une influence identique sur la direction des affaires publiques.

Pour cela, il faut reconnaître à tous, non seulement la faculté de voter, mais aussi — et c'est bien différent — la faculté d'élire. Or, le système actuel réserve ce droit aux seuls électeurs qui obtiennent la majorité dans leur circonscription ; le système

nelle (dépôt le 14 mars 1896. — *Journal Officiel*, annexe n° 1956, p. 601).

Proposition de M. l'abbé Lemire, ayant pour objet la représentation proportionnelle des partis dans les assemblées législatives (dépôt le 25 juin 1896. — *Journal Officiel*, annexe n° 1961, p. 609).

Pour les élections municipales :

Proposition de M. Mirman (Chambre des Députés, séance du 18 décembre 1899),

(1) Voir le détail des chiffres dans la brochure de M. Henri Avenel: *Comment vote la France*, 1894.

Voir aussi les statistiques de M. Victor Turquan, *la représentation proportionnelle, études de législation et de statistique comparées ;* Paris, Pichon, 1885, et de M. Maurice Vernes (R. B. novembre 1893).

porportionnel l'accorde à tous, dans la mesure du possible, et présente sous ce rapport une incontestable supériorité.

A un second point de vue, la représentation proportionnelle parait logiquement s'imposer Le but du gouvernement représentatif étant l'exercice de la souveraineté nationale, et celle-ci revenant nécessairement à la majorité du pays, l'assemblée élective doit être composée de manière à dégager sûrement la volonté de cette majorité.

Or, avec le système actuel, il arrivera souvent que l'assemblée ne représentera point la majorité réelle de la nation. La moitié des électeurs au moins n'est pas représentée. Dès lors, dans son unanimité, le corps électif dégage à peine la majorité du pays ; s'il y a partage, il ne donne plus que l'avis d'une minorité (1).

Avec le système proportionnel, au contraire, il y a concordance parfaite entre le pays légal et le pays vrai ; le gouvernement représentatif, comme l'égalité démocratique, au lieu de rester un mot, devient une réalité.

* *
*

Au point de vue théorique, la représentation proportionnelle se justifie donc aisément. — En pratique, son efficacité est beaucoup plus contes-

---

(1) Voir les curieux exemples cités par M. Béchaux, *Le scrutin de liste proportionnel*. Paris, Guillaumin, 1885.

table. — Sans doute, le système présente des avantages certains (1) ; mais peut-être aussi a-t-il des inconvenients graves.

A cet égard il faut distinguer entre les élections législatives et les élections municipales. Pour les premières, la représentation proportionnelle semble moins utile et pourrait être dangereuse. Pour les secondes, au contraire, elle paraît très recommandable.

En ce qui concerne les élections législatives, l'introduction du système proportionnel n'offre pas grande utilité. En effet, par suite de la division du corps électoral en circonscriptions nombreuses, tous les partis se trouvent représentés à la Chambre des Députés, et le sont même dans une mesure sensiblement en rapport avec leur importance véritable. (2)

Bien entendu, la proportion ainsi obtenue n'a rien de mathématique, ni de régulier ; elle dépend entièrement du hasard.

Pour faire disparaître ce caractère problématique et approximatif, on pourrait recommander l'introduction du système proportionnel, si d'autre part il était conciliable avec le régime parlementaire.

Or les deux institutions paraissent en fait incompatibles.

---

(1) M. Saleilles, *op. cit.*, lui en assigne au moins trois : 1° Education politique du corps électoral ; 2° Représentation approximative mais suffisante des intérêts sociaux ; 3° Bonne confection des lois.

(2) Voir Avenel, *op. cit*, p. 37.

Il est certain que le bon fonctionnement du régime parlémentaire suppose l'existence d'une majorité de gouvernement ferme et stable. La représentation proportionnelle, permettant la formation efficace de tous les groupements qui atteignent le quotient, ne semble pas très favorable à la constitution de cette majorité, surtout dans un pays divisé comme le nôtre.

Je sais bien qu'on peut. éviter l'émiettement excessif par l'introduction d'un quorum supérieur au quotient. Je sais bien que le Parlement, à côté d'une fonction politique exerce aussi une fonction législative. Je sais bien que, si le pays est divisé, en bonne logique l'assemblée représentative doit l'être également ; que s'il n'y a pas de majorité dans le peuple, il ne doit pas y en avoir dans le Parlement.

Ceux donc qui préfèrent la sincérité du suffrage universel à la marche satisfaisante du parlementarisme pourront réclamer quand même l'adoption du système proportionnel. Seulement, pour réussir, ils auront encore à surmonter un obstacle légal.

L'introduction de la représentation proportionnelle suppose la substitution du scrutin de liste au scrutin uninominal. Il est clair que pour opérer une répartition entre les groupes, il faut des circonscriptions nommant un certain nombre de représentants. Le rétablissement préalable du scrutin de liste est en quelque sorte une question préjudicielle qui retardera. d'autant la discussion sérieuse de la réforme dans le domaine législatif.

Pour les Conseils municipaux, la situation est bien différente. Ici, la représentation proportionnelle est utile à réaliser, facile à introduire, favorable à la gestion communale.

L'exemple de Genève nous permettra d'ailleurs de tirer un argument d'analogie, qui aurait peut-être été un peu risqué sur un terrain plus vaste ; car, comme le dit très bien M. Charles Benoist, « les cantons suisses sont placés dans des conditions toutes spéciales et ne sauraient prêter argument pour des pays qui ne sont pas la Suisse, puisque les élections politiques elles-mêmes y ont toujours quelque chose de local et presque de communal (1). »

Dans nos élections municipales, la représentation proportionnelle est d'une grande utilité, parce que la division en circonscriptions n'existe pas comme palladium des minorités. — D'autre part, la pratique du scrutin de liste y rend facile l'introduction du système proportionnel.

Le terrain semble tout préparé, d'autant mieux que la nécessité d'une majorité ferme ne s'y fait aucunement sentir ; il s'agit avant tout de questions administratives, pour lesquelles la représentation des différents intérêts peut être considérée comme un précieux avantage. — En outre, dans la mesure où les Conseils municipaux ont des attributions politiques, dans la nomination des délégués séna-

---

(1) *La crise de l'État moderne : L'organisation du suffrage universel.* — Paris, Firmin Didot, 1897, p. 140.

toriaux, la représentation proportionnelle donnerait à tous les partis la possibilité de concourir à l'élection de la Chambre haute ; ce serait un avantage minime, j'en conviens ; mais un bien n'est jamais à dédaigner, si petit soit-il.

L'utilité de représenter les minorités dans les élections communales paraît, du reste, assez fortement sentie aujourd'hui ; les demandes de referendum municipal et de sectionnement électoral en sont une preuve significative.

On réclame le referendum, parce qu'on n'a pas confiance dans les assemblées élues, parce qu'on se rend compte qu'il y a de grandes chances pour qu'elles ne représentent pas la majorité réelle de la population. Les Conseils généraux votent le sectionnement dans les grandes villes pour permettre aux minorités de n'être pas complètement éliminées des assemblées municipales.

Il n'y a point de bon motif pour en rester là et s'opposer à la représentation proportionnelle. On ne peut objecter qu'elle introduirait la politique dans des élections administratives, puisque c'est chose faite déjà.

Resterait à déterminer le système d'application.

On n'a que l'embarras du choix entre les nombreuses variantes qui ont été proposées, et dont nous avons, au cours de cette étude, examiné les principales.

Pour se guider dans cette recherche, il ne faudra point perdre de vue que la première qualité d'un bon système électoral est d'être facilement compris par ceux qui sont destinés à en faire usage.

La loi organique genevoise a paru suffisamment claire à M. l'abbé Lemire, pour qu'il la reproduise intégralement dans sa proposition de loi (1). M. Charles Benoist la trouve inintelligible : « Que voulez-vous que dise à la moyenne des électeurs le système de la concurrence des listes avec double vote simultané ? (2) »

Si on juge le système trop compliqué, on peut maintenir notre mode actuel de votation, qui revient en somme au vote par suffrages, et le perfectionner dans la suite par l'adjonction du vote cumulatif. C'est une variante qui a eu la vogue à Genève pendant une longue période, de 1875 à 1890.

En ce qui concerne la répartition, la base du quotient avec attribution des excédents aux plus fortes fractions, qui est la solution adoptée par la loi genevoise de 1892, nous paraît la plus satisfaisante.

*
* *

En fin de compte, nous conclurons que, si l'ajournement de la représentation proportionnelle dans les élections législatives peut se justifier par des

(1) C'est aussi le sentiment de M. Paul Laffitte qui la publie *in extenso* dans sa brochure sur *La Représentation proportionnelle*. Paris, Calmann-Lévy, 1897, — de M. Ch. Baggio, qui s'en inspire dans son opuscule sur *Les principaux systèmes et procédés électoraux, et la représentation proportionnelle en France et en Suisse*. Carvin (Pas-de-Calais), 1897.

(2) *Op. cit.*, p. 141.

raisons non de principe, mais de fait, il n'y a aucun motif plausible de la rejeter pour les élections municipales.

L'esprit de parti et la routine pourront écarter momentanément la réforme ; mais elle reviendra, car elle s'impose. Depuis quelque temps déjà un mouvement se dessine dans notre pays en faveur de la R. P (1). Certes, il est bien lent et bien timide encore ; mais, quand la question sera mieux connue, il s'accentuera sans aucun doute et finira par devenir un irrésistible courant.

L'exemple de Genève nous montre que les progrès de la cause peuvent être longs, mais qu'aussi les institutions ont leur logique inflexible, et qu'on a beau faire : un jour ou l'autre, il faut la subir.

La représentation proportionnelle est une conséquence forcée du suffrage universel. A côté de nous, la Belgique et la Suisse l'ont déjà compris. Chez nous, on commence à le comprendre (2).

Craint-on de se lancer dans l'inconnu ? Les élections municipales paraissent un champ d'expérience tout indiqué. Si le fonctionnement de la représentation proportionnelle s'y montre satisfaisant, ce sera un motif de plus pour introduire la réforme dans le domaine supérieur des élections législatives.

(1) On désigne couramment la réforme sous ces deux lettres dans les pays qui qui s'en sont le plus occupés, la Belgique et la Suisse,

(2) La Commission, chargée d'examiner la proposition de M. Mirman sur l'introduction de la R. P pour les Conseils municipaux, vient en effet d'adopter l'article 1er qui proclame le principe même de la représentation proportionnelle (17 mars 1900),

APPENDICE

Résultats des élections genevoises faites avec le système
de la représentation proportionnelle.

I. — ÉLECTIONS DU 13 NOVEMBRE 1892

COLLÈGE DE LA VILLE DE GENÈVE *(34 députés à élire)* :

Liste démocratique	67.007 suffrages	13 députés
— radicale-libérale ...	64.865 —	13 —
— indépendante	9.099 —	2 —
— radicale-nationale .	8.484 —	2 —
— ouvrière-socialiste.	19.173 —	4 —

COLLÈGE DE LA RIVE GAUCHE *(40 députés à élire)* :

Liste démocratique	62.245 suffrages	12 députés
— radicale-libérale ...	77.430 —	14 —
— indépendante	53.104 —	10 —
— radicale-nationale .	12.526 —	2 —
— ouvrière-socialiste.	9.481 —	2 —

Collège de la Rive Droite *(26 députés à élire)* :

Liste démocratique	25.250 suffrages	8 députés
— radicale-libérale ...	31.441 —	11 —
— indépendante	10.383 —	3 —
— radicale-nationale .	5.438 —	2 —
— ouvrière-socialiste.	4.567 —	2 —

RÉSULTATS D'ENSEMBLE POUR LE CANTON (1)

Liste démocratique	154.502 suffrages	33 députés
— radicale-libérale ...	173.736 —	38 —
— indépendante	72.586 —	15 —
— radicale-nationale .	26.448 —	6 —
— ouvrière-socialiste.	33.221 —	8 —

II. — ÉLECTIONS DU 10 NOVEMBRE 1895

Collège de la Ville de Genève *(34 députés à élire)* :

Liste démocratique	57.233 suffrages	12 députés
— radicale-libérale ...	68.177 —	14 —
— indépendante	9.173 —	2 —
— nationale	13.433 —	3 —
— ouvrière-socialiste.	17.855 —	3 —

Collège de la Rive Gauche *(40 députés à élire)* :

Liste démocratique	61.164 suffrages	11 députés
— radicale-libérale ...	85.599 —	15 —
— indépendante	52.793 —	9 —
— nationale	15.371 —	3 —
— ouvrière-socialiste .	12.540 —	2 —

(1) La division du canton en plusieurs circonscriptions empêche l'exactitude absolue. Avec l'unité de collège, la proportion entre les partis aurait été à peu près la même, sauf que les indépendants auraient obtenu 16 sièges au lieu de 15, et les socialistes 7 au lieu de 8.

Collège de la Rive Droite. — *(26 députés à élire)* :

Liste démocratique	22.668 suffrages	7 députés
— radicale libérale ...	34.865 —	11 —
— indépendante	10.819 —	3 —
— nationale	8.349 —	3 —
— ouvrière-socialiste.	6.704 —	2 —

RÉSULTATS D'ENSEMBLE POUR LE CANTON (1)

Liste démocratique	141.065 suffrages	30 deputés
— radicale-libérale ...	188.641 —	40 —
— indépendante	72.785 —	14 —
— nationale	37.153 —	9 —
— ouvrière-socialiste.	37.099 —	7 —

III. — ÉLECTIONS DU 6 NOVEMBRE 1898

Collège de la ville de Genève *(34 députés à élire)* :

Liste radicale-libérale ...	73.702 suffrages	15 députés	
— démocratique	55.778 —	11 —	
— ouvrière-socialiste.	17.034 —	3 —	
— indépendante	10.353 —	2 —	
— nationale	8.042 —	2 —	
— des libertins	2.712 —	1 —	(2)
— de l'alimentation ...	2 —	0 —	

(1) Avec l'unité de collège, nous aurions : démocrates 30, radicaux 39, catholiques 15, groupe national 8, socialistes 8.

(2) M. Vogt, candidat unique, ayant été élu aussi à la Rive Gauche et ayant opté pour ce collège, son siège a été attribué au parti radical, qui a ainsi obtenu 16 députés au lieu de 15.

Collège de la Rive Gauche *(40 députés à élire)* :

Liste radicale-libérale ...	107.230 suffrages	17 députés
— démocratique......	61.924	—	10 —
— indépendante......	50.902	—	8 —
— ouvrière-socialiste.	13.548	—	2 —
— nationale..........	9.333	—	2 —
— des libertins.......	3.305	—	1 —
— de l'alimentation...	1	—	0 —

Collège de la Rive Droite *(26 députés à élire)* :

Liste radicale-libérale ...	46.350 suffrages	12 députés
— démocratique......	24.839	—	7 —
— indépendante......	13.520	—	4 —
— ouvrière-socialiste.	7.428	—	2 —
— nationale..........	5.471	—	1 —

RÉSULTATS D'ENSEMBLE POUR LE CANTON (1)

Liste radicale-libérale ...	227.282 suffrages	45 députés
— démocratique......	142.541	—	28 —
— indépendante......	74.775	—	14 —
— ouvrière-socialiste.	38.010	—	7 —
— nationale	22.846	—	5 —
— des libertins.......	6.017	—	1 —
— de l'alimentation...	3	—	0 —

(1) Avec l'unité de collège, les indépendants auraient eu 15 sièges au lieu de 14, et le groupe national 4 au lieu de 5.

Paris, le 11 Avril 1900.

Vu par le Doyen,   *Vu par le Président de la Thèse,*

GLASSON.   E. CHAVEGRIN.

VU ET PERMIS D'IMPRIMER

Le Vice-Recteur de l'Académie de Paris,

GREARD.

TABLE DES MATIÈRES